THE PURGATORY MANUSCRIPT

LE MANUSCRIT
DU PURGATOIRE

*The Relations of a Nun with
A Soul in Purgatory*

translated by
Alun Idris Jones

Studies in Women and Religion
Volume 29

The Edwin Mellen Press
Lewiston/Queenston/Lampeter

Library of Congress Cataloging in Publication Data

This volume has been registered with The Library of Congress.

This is volume 29 in the continuing series
Studies in Women and Religion
Volume 29 ISBN 0-88946-067-1
SWR Series ISBN 0-88946-549-5

A CIP catalog record for this book
is available from the British Library.

Copyright © 1990 The Edwin Mellen Press

The Edwin Mellen Press
Box 450
Lewiston, N.Y.
USA 14092

The Edwin Mellen Press
Box 67
Queenston, Ontario
CANADA L0S 1L0

Edwin Mellen Press, Ltd
Lampeter, Dyfed, Wales,
UNITED KINGDOM SA48 7DY

Printed in the United States of America

THE PURGATORY MANUSCRIPT

LE MANUSCRIT
DU PURGATOIRE

*The Relations of a Nun with
A Soul in Purgatory*

TABLE OF CONTENTS

The Purgatory Manuscript

Le Manuscrit du Purgatoire

The

Purgatory Manuscript

INTRODUCTION

In order to comply with the desires that have been expressed to this effect, the editors of "Le Bulletin De Notre-Dame de la Bonne Mort"[1] here publishes in the form of a brochure, with all the *reservations* commanded by our holy Mother the Church, in accordance with the decree of Urban *VIII*, as *a purely historical document*, the text of a pious manuscript transmitted to it by a "Prêtre-Zélateur", a highly zelous and devoted missionary, on the relations of a Nun with a soul in Purgatory.

*

First of all, no one can refute *a priori* the possibility and existence of apparitions of souls in Purgatory to living persons on earth. Apparitions of this kind are not rare and accounts that tell of them are not lacking; they are to be found in plenty of lives of the Saints. We shall limit ourselves to one example drawn from the life of St. Margaret-Mary Alacoque.[2]

"As I was before the Blessed Sacrament, on its feast day," she tells us, "a person utterly on fire suddenly presented himself before me. The pitiful state in which he let me see that he was in Purgatory made me shed great tears. He told me that he was the soul of the Benedictine father who had once heard my confession and told me to receive Holy Communion, in thanks for which God had allowed him to address himself to me to give him

---

1.   For all information on "L'Association de Notre-Dame de la Bonne Mort" and for subscriptions for the "Bulletin (70 [old] fr. p.a.).

2.   Sa Vie par elle-même, p. 98, édition 1920.

some relief of his pains. He asked me for all that I might do or suffer during the three months to follow; when I had promised him this, after asking my Superior's permission, he told me that the first reason for his great sufferings was the preference he had given to his own interest over the glory of God, out of excessive attachment to his reputation; the second was his lack of charity towards his brethren; the third, the excessive affection he had had for creatures.

"I find it very hard," she adds, "to express what I had to suffer during those three months. He would not leave me and I seemed to see him all on fire with such acute pains that I was obliged to groan and wail for him almost continuously. My Superior, touched with compassion, gave me some thorough penances to do, disciplines, notably . . . At last, when the three months were ended, I saw him utterly overflowing with joy and glory; he was on his way to the enjoyment of his eternal bliss and, as he thanked me, he told me that he would protect me before God."

The testimonies borne by theologians, documented by historical facts, are neither less numerous, nor less cogent: let it suffice us to cite, among many others, "La Divine Mystique", by Canon Ribet, vol. II, chap. VIII and, in general, the soundest works of the principal Masters of Mystical Theology. God permits these apparitions and manifestations for the relief of the souls that come to stir up our compassion, and also for our own instruction, so as to disclose to us the severities and rigours of his justice with regard to faults that we esteem but of small account. A collection of several apparitions published by Mgr. Palafox y Mendoza, bishop of Osma (Spain), bears the following high suggestive title: "Light for the living from the experience of the dead." It would be difficult to express more eloquently and justify more clearly to providential reason for the manifestations by which the suffering souls of Purgatory address themselves to the living in order to implore their pity and beg their intercession.[3*]

[3*]. "Purgatory", the review of the Association of the Sacred Heart of Jesus in favour of the souls in Purgatory, founded in Rome by Father Victor Jouet, published, from 1900 to 1912, an account of numerous apparitions of souls in Purgatory, together with the historical documents guaranteeing their uncontestable authenticity. Rev. Fr. Jouet's Museum was put on exposition on the 4th of August, 1905, in one of the rooms of the Vatican, and presented by

Nonetheless, it must be noted that the facts and accounts concerning these different manifestations have no more than human authority, so long as the Church has not made any pronouncement on their subject, an authority, that is, proportionate to the value and number of the historical documents upon which they are based and from which they cannot be separated.

THE MANUSCRIPT

Its authenticity.

The manuscript that we have in our hands contains highly interesting information on life beyond the grave, notably on Purgatory, and these bits of information are interspersed with very numerous pieces of advice in form of spiritual direction.

Its authenticity cannot be questioned.

It has been ascertained on the basis of *testimonies that are both reliable and concordant, of facts that have been duly verified*, that a Nun from a convent in V., Sister M. of the C., deceased at C. on the 11th of May, 1917, perceived suddenly very close to her, in November, 1873, sounds of prolonged groaning . . .

Terrified, she cried out, "Oh! who on earth *are* you?... You frighten me... Whatever you do, don't show yourself!... But tell me who you are."

To this summons no reply was made, but the groans continued.. coming closer all the time.

In vain, the poor Sister multiplied prayers, communions, stations of the cross and rosaries, the groaning would not cease and remained as mysterious as ever . . . .

His Em. Cardinal Vivès y Tuto to His Holiness Pius X who visited it with the greatest interest and showed the highest enthusiasm and satisfaction. The Reverend Father had even set up, at 12, Via Lungotevere Prati, a "Museum of the world beyond" or "Museum of the Souls in Purgatory", consisting of souvenirs, documents and pieces of evidence making the reality of the attested facts both tangible and palpable. We have on many occasions visited this Museum, unique in its kind, we have seen with our eyes and held with our hands, with deep emotion, *the imprints of fingers and hands of fire* left behind upon clothes, upon books, upon the objects touched by the various apparitions. The Reverend Father's explanations, backed up by an impressive documentation, never failed to arouse among the pilgrims making this "little tour around Purgatory", and emotion against which they were powerless: they had before their eyes palpable proof of the existence of Purgatory and irrefutable evidence of the fire of justice which purifies souls of all that remains of their sins.

At last, on Sunday the 15th of February, 1874, a familiar voice made itself heard: "Don't be afraid! You won't see me in my sufferings! I'm Sister M.G."[4] And the soul in torments made known to her former companion, whose repeated advice she had *too often ignored in* times past, that she was going to make such visits very frequently to her, *so as to help her in her progress in sanctity*, because it was part of The Divine Plan that it should be she, Sister M. of the C., that should, by her holiness of life, bring relief and, eventually, deliverance to the one who had in bygone days been so trying on her patience.

The answer had been obtained . . . Did it have for effect that of calming the one who had received it? Far from it . . . It had rather just the opposite effect.

Sister M. of the C. begged her visitor to disappear and never to come back . . . But it was a wasted effort. She was told that she would have to undergo - and that for the whole length of time decreed by God - the very thing that she dreaded most of all.

And thus it is that over a period of several years, were established between Sister M.G. and Sister M. of the C. the mysterious relations that Sister M. of the C. recorded herself, between 1874 and 1890, on the precious manuscript that we have undertaken to publish.

Its value.

This springs from:

1) *Sister M. of the C.'s own person.*

a) Without a single note out of tune, all those who have known her attest that she never ceased to practice - and that to a heroic degree - all the virtues of Christianity and the Religious Life.

When in charge of the boarders, she exercised upon her pupils such a supernatural influence that all those that are still alive - and they are many in number - give her the qualification "Saint", and admit quite candidly that by her words and actions she made a far greater impression upon them than any

---

4.   Sister M.G. was a young Nun aged 36. She had met her death as a victim of her own self-devotion at V. on the 22nd of February, 1871.

priest could have done! . . . And their own lives still bear the marks of that impression!

b) Let us hasten to add that all those who have witnessed her life recognize with touching unanimity, based on the most serious of proofs, that she was endowed with the soundest judgment and that her character reflected a keen and highly cultivated intelligence, a balanced personality and perfect common sense! . . .

The truth is that she never, ever desired those ways that we call "extraordinary"; on the contrary, she did everything within her power to avoid them . . . . Right to the end - the manuscript bears clear witness to the fact - she maintained a great question mark over what she was *obliged to hear*, alleging that it was diabolical, . . . protesting that it went "utterly against the grain to digress from the common way," . . . all she wanted being "to be like everyone else" and to pass unnoticed.

c) Finally, while never ceasing to protest against the visits that she received, Sister M. de la C. gained no less profit from them for her spiritual advancement: her retreat notes are sound enough guarantee of the fact and sounder still is the unanimous testimony of all who saw her live and act.

2. *The authority of the testimonies given.*

In the first place, we must point out that Sister M. de la C. - we have been assured of the fact by a reliable source - kept her director, the Rev. Fr. Prével, of the Pontigny Fathers, later to become Superior general of the Congregation, faithfully and continually informed of everything that concerned her.

Indeed, the Sister's notebooks reveal that she gleaned the greatest profit from her dealings with the Reverend Father and a letter of the latter to his dirigée, bearing the address Hitchin (England), and dated the 4th of November, 1912, after, that is, a long separation imposed by the events of the period, confirms that he was fully informed of the communications of Sister M. of the C. with her former companion:

"Tell me," he writes, "about your dear afflicted friend who must by now be completely immersed in the glory of her Beloved, and that since many months ago! . . . Has she abandoned you since that day? . . . Or, on the contrary, does she bring you consolation in your moments of sadness?

"Have you kept on writing down her messages? *I, for my part, have looked preciously after the previous ones and have re-read them over and over again.*"

It is quite clear that Fr. Prével considered the communications received as being *serious* and we can well presume that he would not judge them to be such *without thoroughly sound proofs.*

To the first hand authority of the Director, we have the good fortune of being able to add the testimony of reputed theologians, whose competence no one will put to question: Canon Dubosa, ex-superior of Bayeux Major Seminary and promotor of the Faith in the canonical Proceedings for the beautification and canonisation of Saint Theresa of the Child Jesus.

Canon Gontier, official censor of books for the Bayeux diocese and author of some highly estimated works: *Explication du Pontifical, Règlement de vie sacerdotale, etc.*

AN EMINENT MASTER OF MYSTICAL THEOLOGY of the greatest merit, whose anonymity we have to respect for reasons quite independent of our subject, but of whom we can make this disclosure, that his excellent works merited this remark from Pious X: *"Enlightened men render just homage to your learning and experience."* (Letter dated the 13th of December, 1908.)

After a mature examination of the manuscript, these gentlemen did not hesitate in declaring that it contained nothing contrary to the teachings of the Faith, nothing that was not in perfect accordance with the principles of the spiritual life, nothing that was not of such a nature as to edify souls.

They noted with the greatest favour that Sister M. of the C., gifted as she was with the soundest judgment and endowed with the most solid common sense, was by this very fact protected against the meanderings of an excessively vivid, and thereby dangerous, imagination.

With approval, they drew attention to the fact that Sister M. of the C. had done all that it was in her power to do to be delivered of the visits that came to pester her, that she had protested and questioned whether it was not a punishment inflicted upon her by Heaven, that she found all that happened to her so peculiar that she knew not what to believe, that, in a word, she had made so many objections to the apparition that it was utterly impossible to attribute to her the intention of imagining or inventing the manifestations of which she was the object.

Lastly, they were especially struck:

a) by the great lesson of Christian charity that came out clearly from the whole process of the apparition: on the one hand, Sister M.G. of the V. convent had through her unconventual attitude, caused great suffering to Sister M. of the C., who had the responsibility of calling her to order, and on the other, it was to none other then Sister M. of the C. that, on God's orders, she had had to address herself, after her death, in order to be delivered from Purgatory;

b) by the fact that the insights and lights given to Sister M. of the C. grew all the more penetrating and precise in measure as Sister M.G. became more and more purified;

c) by the progress made by Sister M. of the C. in the work of her own sanctification, a progress so visible that Canon Dubosa was obliged to exclaim, "In publishing Sister M. of the C.'s manuscript - and it is my hope and desire that you do so - you are preparing the way for a Cause of beatification.

In short, the eminent theologians consulted concluded unanimously that the manuscript of Sister M. of the C. bore within itself the proof of its perfect authenticity and that in consequence it had full value, both as to its contents, and as to its origin.

Conclusion

Sister M. of the C.'s manuscript, which for simplicity's sake we shall refer to as the *Purgatory Manuscript*, presents itself to us - such is the avowal of the most severe of critics - with all the guarantees of credit, from the historical and human standpoint alone, that one can possibly desire.

The editors of the "Bulletin de Notre-Dame de la Bonne Mort" are glad to be able to make its edifying and impressing contents known; the voice from beyond the grave that will be heard in it, be revealing to us both the justice and the mercy of Purgatory, by setting before us the counsels of piety and sanctification with which the manuscript is packed, will be to us a dazzling light for the orientation of our life on the road to Eternity.[5]

And we have not the slightest doubt but that this *"light for the living from the experience of the dead"* will prove to be for a large number of our Associates an eloquent school of good living and, by that very fact, a most salutary and efficacious *preparation for a good death.*

---

5.   In order to respect faithfully the text of the manuscript, we shall refrain from setting apart in any way the passages that concern more especially the Last Things ... The reader is free to do this work for himself, if he deems it expedient. We must also bear in mind that, if the text appears continually to be somewhat disjointed and disordered it is because it records the words of only one of the two who are speaking. It is a conversation in which we hear the answers, without ever hearing the questions. Whence the apparent lack of coherence and order.

THE PURGATORY MANUSCRIPT[6]

Mother Superior is in Heaven since the day of her death, because she had had a lot of suffering and had been very charitable.

If you were perfect as the good God wants you to be, how many graces he would have to grant to you!

The good God wishes you to be more holy than a great many people.

Fr. L. is in Purgatory, because he was too fond of running retreats and preaching all over the place! . .

. . . Yes, it was a good thing, but he used to neglect his parish.

God will receive what you do for the souls in Purgatory as if you did it for only one soul, as long as you direct your intention.

At present *I* am the one who has the greatest suffering here, because I was not in my vocation.

The way of the cross is the best prayer after holy Mass.

My suffering is greater than Sister ....'s, because she was in her vocation; the only thing was that pain had soured her character; and then, she had been given bad advice.

I may not give any exterior sign. God will not permit it; I was too guilty.

Because I was a source of suffering for you and because God desires that you should pray for me!

---

6.   This manuscript has been inspected and approved by several theologians as containing nothing contrary to the articles of Catholic teaching. Let it also be noted that we publish it as a *purely historical document* and with all the reservations prescribed by the Church, according to the decree of Urban VIII.

You can also tell it to Sister ..... to whom I also caused suffering and to Mother Superior who had so much to suffer because of me . . . If she could but get a few Masses said for me.

A few Rosaries for me! Your meditations done well, because I didn't used to do any at all! Your office well-recited, because I didn't used to recite it well! Great modesty everywhere, because I always had my eyes raised to see what I oughtn't to see! . . . Elevations! and great submission to Mother Superior who had so much to suffer because of me. Poor Mother Superior! . . . (Repeated ten or fifteen times).

Alas! if you knew what I'm going through! Please, pray for me. It's because I'm suffering terribly all over! Alas! my God! . . . How merciful you arc! Alas! No one can imagine what Purgatory is like.

One must be good and merciful towards souls!

A few words of sound advice! . . . The way of the cross.

On earth, you will always have to suffer in body and mind and often in both together!

It's so beautiful in Heaven! There's such a huge gap between Purgatory and Heaven! We sometimes get a kind of echo of the joys which the Blessed taste in Paradise; but it's almost a punishment, because it gives us so great a yearning to see God! In Heaven, pure light; in Purgatory, utter darkness!

God loves you more than many other souls . . . Hasn't he already given you proof of it?

Mother E. is in Heaven. She was a very hidden and interior person!

Of course I'm not the devil! I'm Sister M.G. - I shall bother you until I'm in Heaven. Then, in turn I shall pray for you.

Yes, I am fully capable of praying even now and I shall do so every day. You'll soon find out whether the souls in Purgatory are ungrateful or not!

Great sinners are not given sight of the Blessed Virgin.

When you deliver a soul from Purgatory, it is a great joy for God himself. What you've read in books on this matter is quite true.

I'll receive a little ease on Easter day.

If you keep a careful watch over yourself, God has graces to grant you that he has never yet given to anyone else.

You can recite your Psalter for several persons at once, as long as you take care before starting to direct your intention, as though in fact you were able to say it for each one individually, and they'll receive their share as though you said it for each.

There is a separate penance for nuns who have hurt their Superior: for them, Purgatory is terrible. They'll come and join me and see what penance is waiting for them as well!

\- \-

24th of MARCH, 1874 (2nd Sunday after Easter). - Go as often as you can before the Blessed Sacrament tomorrow. Since I go about with you (lit. accompany) I shall have the pleasure of being close to God. Yes, that eases my pain.

(Annunciation.) - I'm now in the second Purgatory. Since my death, I was in the first one, where one's sufferings are so great. They're still considerable in the second one, but much smaller than in the first.

Always back up your Superior. Avoid talking often; wait for someone to question you before answering.

MAY. - I'm in the second Purgatory since the day of the Annunciation of Our Lady. Moreover, it was on that day that I saw the Blessed Virgin for the first time.[7] In the first one she is not seen. The sight of her gives us encouragement: and then this good Mother speaks to us of Heaven. While we see her our sufferings seem diminished.

Ah! how great is my desire to go to Heaven! Oh! what martyrdom we suffer since we have got to know God!

What I think! . . . God permits it for your good and for my easing! . . . Listen carefully to what I'm about to say: "God has great graces to grant you. He wants you to save a great many souls by your good advice and example.

---

7. A number of saints and learned theologians tell us that, by divine favour, the Blessed Virgin sometimes shows herself to the souls in Purgatory, to ease and console them, notably on her great feast days.

Should you one day pose an obstacle by your bad conduct, you will have to answer for all those souls that you could have saved!"

It's true that you're not worthy; but since He permits all this . . . He is utter Master of the graces that He sees fit to give to whom He wills.

You do well to pray and to get others to pray to St. Michael. At the hour of death people are glad to have had confidence in some Saints, for them to be our protectors before God at that terrible moment.

Don't be afraid to remind all your girls of the great truths of salvation. Souls often need to be disturbed, and now more than ever!

God wants you to give yourself wholly to Him. He loves you more than many others. He will consequently give you more graces. (They're His to do what He likes with!) As a result, it will be easier for you to love Him more in your turn. Don't lose a single one of the graces that He gives you.

Live for God alone. Find means of giving Him glory everywhere. How much good you can do in people's souls!

Don't do anything except to please God. Before every action, recollect yourself for a second within yourself to see whether what you're about to do is going to be agreeable to Him. Everything for your Jesus! Oh! love Him well!

Yes, I do suffer, but my greatest torment is not to be able to see God. It's a continuous martyrdom that makes me suffer more than the fire of Purgatory. If as time goes on you get to love God as He desires, will experience something of this languishing which makes you yearn to be united to the object of your love, - to Jesus!

Yes, we do see Saint Joseph sometimes, but not as often as our Lady.

You must become indifferent to everything, except when it's for God. This is how you'll reach the summit of perfection to which Jesus is calling you. Mother I. got nothing from the Masses that were said for her. Nuns have no right to dispose of the goods that they have . It's against poverty.

If you do your meditation well the souls that are committed to you will feel its effect.

God never refuses the graces asked for during a well-made meditation.

A Nun's Purgatory is longer and more rigorous than a layman's, because a Nun has abused more graces.

It is God who permitted it and our dead Mother Superior who obtained it, because there are many abandoned Nuns' souls in Purgatory - abandoned by their own fault, it's true! - and no one spares a thought for them. Our dead Mother Superior told me that if one could, in the Community, get a Mass said from time to time for their intention, God would be most pleased. Tell that to your Mother Superior.

Yes! God has a great love for Mother Superior. As you see, He has given her a real cross to bear: that's the best proof of His love for her.

You can't imagine the pains one suffers in Purgatory! No one even thinks of it in the world. And what is more, religious Communities forget it. That's why God wants prayer to be made in a special way here for the poor souls in Purgatory, that this devotion be inculcated among the pupils, so that they in their turn may speak of it in the world.

Don't have the slightest fear of fatigue. Whenever it has anything to do with God, sacrifice everything for Him!

Obey your Superior without delay: let her turn you in every direction she pleases. Be really humble. Humble yourself at all times, right down to the earth's centre, were it possible.

M. is in Purgatory because on many occasions she paralysed by her crafty words the good that the Superiors could have done.

Take as a practice the presence of God and purity of intention.

God seeks devout souls who love Him for His own sake. They're very rare! He wants you to be among the number of his true friends. Plenty of people love God; so they think, but they love Him for their own ends! And no more!

No! we don't see God in Purgatory. It would in that case be called Heaven!

When a soul really seeks God sincerely in her heart, out of pure love, He doesn't allow her to be deceived.

True! but since God often lets His graces overflow where malice has abounded . . . why refuse them?

Give yourself, sacrifice yourself, immolate yourself for God! You'll never be able to do too much for Him!

Don't forget that it's only the overflow of your piety that you spill onto others.

Have no human respect, even with the senior Sisters. Always put a word in when it's a question of standing up for your Superior.

God does not use His greatest friends to upset and hurt others. Thank Him that you're not in their number. It's better to be an anvil than a hammer! You mustn't grow weary of suffering in mind and body: you've only just about satisfied for your past. Your crown has hardly been begun.

– –

JUNE. - When a tempest arises which is destined to upset a soul, notice how everything calms down again just as quickly!

The devil has his instruments everywhere . . . even in convents.

No, I'm not able to see God when He's exposed; I sense His presence. I see Him as you do with the eyes of faith, but our faith is so much more vivid than yours. *We* know what God is!

Always have God present with you. Tell Him everything as to a friend and keep careful watch over your interior.

To prepare oneself well for holy communion, what is needed is love beforehand, love during thanksgiving, love at all times.

What God wants is that you live for nothing but Him, that you think of none but Him, that you dream of none but Him.

Mortify your mind, your eyes, your tongue: it will be more pleasing to God than bodily mortifications, which are often the product of self-will.

One should behave with God as with a father, a most gentle friend, a very beloved spouse.

You must pour out the tenderness of your heart on Jesus alone, and that to the uttermost, the uttermost!

Yes, for all eternity you will sing of God's mercies towards you.

Your love for Jesus should be such that He can find a resting-place in your heart from the offences that He receives everywhere. You must love Him on behalf of the indifferent, for the souls who are lax - and for yourself before any of them. You must love Him, in a word, to such an extent, that at V... the example be a jarring one.

It's true that the love of Saint Teresa and that of M. Eust. for Him was very great; but you for your part, you who have hurt Him, you should love Him all the more in proportion to the innocence which you cannot claim like these pure souls.

12 DECEMBER. - If you really love God, He won't refuse you anything. When someone really loves another human being, you know how that person will turn and return to her friend using every possible means to extort a "Yes" to what she is after, and that she never fails to get ... So will it be between God and your soul. He will grant you everything you ask for.

God wants you to concern yourself with Him alone, with His love and with the accomplishing of His holy will.

In concerning oneself with the Lord ... one should also be concerned for souls. There wouldn't be all that much merit in saving oneself and no one else.

God wants great perfection in you, such as He requires from few others!

– –

FEBRUARY 1875. - Keep a careful watch over your interior, keep your little ills for Jesus alone. He is more than capable of weaning you off the things He has taken away from you.

Your life should be one continuous life of interior acts of love, of mortification, but let it be known to God alone; do nothing out of the ordinary: a life of complete obscurity, intensely united to Jesus.

God wants you to love Him, and Him alone. If you pose no obstacle to His graces, He has such extraordinary ones to grant you as He has never yet given to anyone else. His love for you is quite special. Haven't you ever noticed it yourself? For our part, we have only to adore His plans, without seeking to fathom them. He is master and it is His to do as He pleases with souls. Always be most humble and hidden. Don't occupy yourself with anyone, just be occupied with what is in fact your own business, and with your own sanctification.

No! Avoid having too much to do with . . . She's too much of an extrovert and too talkative. It's not that that God wants of you.

This lack of confidence that you have in your Jesus is not good. You have given Him everything and you must believe that in what concerns this matter . . . all that has happened has been permitted by Him.

Love the good Lord! Oh! how happy are the souls that possess this treasure!

Your own great penance through life will be, not the absence of your Jesus, but a great pain stemming from all the hurt that you caused Him during your past life, caused by the excess of graces which he poured over you and which He is yet to pour over you, and your incapability of rendering Him all the love that you desire to render.

There's nothing to stop you from getting up at four and going to bed like everyone else, unless you're well and truly ill. You'll be none the worse for it, I can assure you; half an hour doesn't make all that much difference and it's a source of edification.

Don't go grumbling to anyone for little trifles, not even to your Superior. Keep these little sufferings for yourself alone and for your Jesus, to whom you should tell everything.

Don't be over-worried about your health. The good Lord will give you enough to be able to serve Him.

14th MAY. - Have the intention, in making your retreat, of not wasting a single one of the graces which the Lord gives you and of following at all times the drawings of these graces, of having a great spirit of faith and also great recollection. I've been at you for this for some time now.

You should be always, and especially during your activities, as recollected within yourself as you are during your thanksgiving after holy communion.

Give thanks to God for all the graces He has given you and for those He gives you every day. Think of this every morning at the end of your meditation. And don't forget to pray about what I told you yesterday...

Never do anything without recollecting yourself for a moment, and without asking your Jesus for advice - Jesus who is in your soul . . . You get the message . . .

Of course, I love God enormously, but as a soul gradually becomes purified, that's to say, draws closer to Heaven, her love grows proportionately greater.

Think often of all the love God has for you. Be very faithful to every inspiration of divine grace.

Start all over again each day as though you had not yet done a thing, without ever becoming discouraged.

18th MAY. - Oh! how small is the number of Nuns who really have the spirit of their state! They're about one in fifty. You must at all costs be among this chosen few!.

How great is the responsibility of a Superior, a Novice Mistress, a Class Mistress! What they'll have to answer for before God!

As I'm gradually delivered you'll hear me more clearly, and when I'm fully delivered, I'll be a second guardian angel to you! But an angel that you'll be able to see!

Mother . . . is still in Purgatory. She let a number of candidates with no vocation into the Community, and these have brought laxity. If only greater care were taken in the admission of candidates, there would be less trouble in religious Communities! Knowing how to discern the spirits is a science in itself.

– –

20th JUNE. - God doesn't require what is beyond our strength. It's only our hearts that He wants for Himself.

You must, in order to obtain these graces, for yourself as much as for the Community, renounce yourself from morning to night; you must seek yourself in nothing, and everything must be completely hidden from the eyes of creatures; God alone should be aware of what's going on and be able to see your little daily sacrifices. He alone! Do you hear?

You experience a certain repugnance for a number of things. God allows it and He does so that you may gain merit by it. Take great care in this matter: don't let anything go to waste.

Yes, that is so, but Jesus will, in a sense, have greater glory through obtaining this glory from someone who hasn't always been His friend, and you for your part will have all the more confusion in seeing that God chooses

10

you, in spite of your spiritual infirmities, to serve His designs. You for your part in turn have a duty to sacrifice and immolate yourself in return.

Do you know why God doesn't for the time being grant you the graces that you ask of Him? It's because you haven't enough confidence in Him.

It's true that you are too forgetful of the great graces that the good Jesus gives you. He pursues you from morning till night, and, more often than not, you dodge Him as much as is in your power. This is no way to behave with such a kind God, kind to you above all.

At every minute, examine yourself, examine your heart to see whether you are pleasing to God. Examine too whether you are doing anything which could be hurtful to Him. This is the method by which the blessed regard of Jesus will be drawn towards you more and more.

You must love God to such an extent that He may shortly find in your heart a pleasing dwelling-place in which to be able, as it were, to find rest. This gracious Jesus must be able to tell you His sufferings Himself - those which the world causes Him every day - and you, for your part, must show Him so much love that He be able to feel some consolation.

15th AUGUST. - Yes, we saw the Blessed Virgin. She returned to Heaven with many souls; but I'm still here.

You're feeling the heat? Alas! if only you knew what heat there is in Purgatory compared with yours! One small prayer does us so much good! It refreshes us like a glass of cold water given to a really thirsty person.

Love everyone, but don't have utter confidence in anyone, in anyone, I say, because Jesus alone wants to be your true confidant. Everything for Him and for Him alone.

Carry out all your actions beneath God's regards. I've already told you: consult Him before everything you have to do and say. Oh! What graces will then flow over you! Let your life be a life of faith and of love, and if you act in this manner . . . you know what I said to you on this matter.

Don't do anything to make yourself noticed exteriorly. Avoid the company (without offending charity) of those Sisters who are too extrovert,[*] who lack charity. You, for your part, just be occupied with your own

---

8*   It is difficult to convey all that is meant by the word "expansif".

business. Efface yourself. Never express your feeling unless you're forced to. Concentrate your attention on the one sole object which should be the motive force of your whole life. Jesus! . . . Yes, Jesus from morning to evening and from evening to morning.

– –

20th AUGUST. - *Retreat*. - Alas! I'm feeling plaintive, because I'm suffering much more than usual . . . , because I misused these days of grace and salvation and am being chastised for it today.

Carry out all your actions beneath God's regard, in all simplicity, seeking to please no one else in the world but Him. Until you reach this stripping bare of yourself from everything so as to be occupied with Him alone, He will not leave you in peace.

You must be a living rule for the whole Community. They must be able to say upon seeing you, "There's the rule!" No, that's not enough: you must be, so to speak, another Jesus, that's to say that you reproduce in your whole conduct, as far as it is possible for a creature, Jesus Himself.

7th SEPTEMBER. - God, while still remaining terribly great, it's true, does not disdain to come right down to the level of the soul He loves and to enter with her into the smallest details over what concerns her. What bounty!

Yes, it's true, isn't it? There is a little something in our souls which is so intimate that God is the only one to understand, and which can't be told to anyone else.

8th SEPTEMBER . - God permits that some souls should have an extraordinary tenderness of heart, whereas others are less sensitive. All this falls within His designs. Those souls who have a more loving heart, He Himself gave it them and made it for Himself above all, so that they might pour out all the treasures of that heart over His own adorable Heart. He is Master, and He can give to all as He sees fit. Moreover, He has a certain predilection for some souls; you are among their number.

My suffering is greater at night, when you're resting. It's true that I always bear my Purgatory with me, but during the day, since I have been given permission to follow you about everywhere, I suffer a little less. All that has been allowed by God.

7th NOVEMBER. - Think hard over what I'm about to tell you: Keep careful watch over your interior, on all that you do. Ask yourself every hour whether God is content with you, because you must become a saint, and that quickly.

Yes, granted; but with God's grace everything is possible. Recognize your unworthiness for these graces, but, in spite of everything, act.

8th DECEMBER. - Love the good Lord well. Fear not your troubles and pains. Put all your trust in Him, and none at all in yourself. Die to self from morning to night. You know what I said regarding the new bishop; it will be true.

Live, breathe for Christ alone!

God must be your sole confidant. Make your complaints known to Him alone. Be completely hidden from the eyes of the world. You are going to be ill at times, and even quite ill, while appearing to be in good health, because God wants to be sole witness to what will be taking place in you. You'll see that both of you will understand each other perfectly.

If you're as God wants you to be, keeping a serious watch over yourself, so as not to let fall a single one of his graces, He will communicate Himself to you in a very special manner.

You hurt the good Lord when you don't think of Him. Imagine a reunion of friends. Amongst them, there is often one that we prefer, who understands us better, and from whom we don't hide a thing. Think what happens when this friend sees that we take no notice of him, that we don't address him a single word, that not even the slightest glance comes his way to assure him that he's still the favourite; - think how much pain he'd, feel! It's just like that between God and you. He loves, of course, plenty of souls, but, as I've told you many times, even though you deserve it less than many others, He loves you in a very special way, and your indifference causes Him a pain which hurts all the more from the fact that all He is waiting for is the reciprocated love of your heart, in order to flood you with graces. Everything you do touches Him. He likes you to think of Him, that is to say that, in spite of your occupations, your thoughts should be for Him before all else. Before speaking to the people with whom you have to deal, let Him always have your first regard; in a word, you must live and breathe for Him alone: it is only His right. He is Master and may act as he pleases.

12th DECEMBER. - God desires that before perpetual adoration you do it first of all in your heart. You know what I mean. You must also get into the habit of often making a spiritual communion. You'll draw most abundant life-giving fruits from it, if you dispose yourself for it well.

30th DECEMBER. - Don't ever ask anything for your health: but don't refuse what you're given. One should never let oneself look ridiculous.

– –

JANUARY 1876. - When you have something to tell your Superior and when it can wait, don't be over-hasty. Postpone it a little in order to be more moderate and so as to mortify yourself.

You should prepare Jesus a dwelling-place in heart, so that he may, when the time is come, as I've already said to you, come and find His rest there. You must also dispose yourself as well as possible for Holy Communion. Think of it on the preceding evening and above all on the morning, as soon as you wake.

You should also, not only prepare Jesus a dwelling-place but also invite Him. What's the use of preparing a fine apartment for one's friend, if one never invites Him to come in? Invite Jesus often by your desires and above all by your love.

You must become so interior that you never lose the presence of Jesus, even at the height of your lesson. In order to reach this point, keep a careful watch over your interior.

As for the grotto . . . God will help you and make up for the shortcomings of your efforts; but, if you want to be pleasing to Him, don't do anything on Sundays. Just pray to Him as hard as you can, that's all.

God's desire is to make you as time goes on a person on whom He can lean and to make your heart His sanctuary!

FEBRUARY. - Yes, it's true that in Heaven God receives infinite adorations; but since it is on earth that He is offended, He desires that the reparation also be made on earth, and His desire is that this reparation should come from you, that you do so through loving Him and making up for the abandonment that He encounters everywhere by your warm affection. You know what I said to you on this matter.

(Annunciation.) - When God wants a soul all for Himself, He begins by pounding it, with about the same force as that given to apples beneath the grindstones of a cider-press to squeeze out their juice, in her passions, her self-seeking, in a word, in all her defects; then, when this soul has been thus pounded, He fashions it to His liking, and, if it is faithful, it is not long before it is transformed, and then alone does Jesus heap up His choice graces over it and flood it with His love.

JULY. 28th - The Eucharist should be for you a magnet that attracts you more and more. The Eucharist, in a word, should be the driving-force of your whole life.

AUGUST 28th. - Have no desire, besides that of loving God more and of uniting yourself more and more closely to Him. You should strive to become daily more interior and more united to your Jesus. Your life should be an interior life, one of union with Jesus by bodily and mental sufferings and above all by love.

If you agree to respond to God's plans by this life that it would be beyond me to express what degree of sanctity and union with Him He wills for you what graces He has to give you! . . . As for these graces, I've already told you some of them, but as for others . . . they're unknown to me. Oh! keep a careful guard over yourself! The mere sight of you, your mere presence must inspire piety!

AUGUST 30th. - *Retreat* - The Retreat will be given for everyone, true, but God will permit that all the sermons will in some way be for you. Be very attentive. The Retreat must make you holy!

God has made your heart for Him alone. Abandon yourself to the Lord Jesus without ever looking ahead or behind. Throw yourself into His divine arms, against His Heart and once there, fear nothing.

Offer a little prayer to Our Lord every morning, to adore Him in all the churches in which He is left forsaken. Transport yourself there in thought and tell Him when there how much you love Him and would wish to make up for the abandonment in which He is left. Renew this intention several times in the course of the day. You will thus give pleasure to Jesus.

God desires that you think of Him continually, that you do everything beneath His divine eyes, your prayers, your work; in a word, that you should not let Him out of sight, as far as is possible. But all that should be done calmly, without affectation. Others should never catch a hint of it: let your Jesus be the only one to know what is taking place between you and Him. Always have your eyes lowered except when you are charged with supervision and do even that with the greatest possible modesty. Have no human respect whatsoever. Be always very humble. Make God loved as much as you can. Let what is passing pass, and pass with them without a noise through the great crowd or, if you're obliged to make an appearance, do so simply and bring everything back to God, without worrying whether, once you have done everything for His good pleasure, your affairs succeed or don't succeed!

Have no desire, except that of loving God more.

At the end of your Retreat, take as a resolution that of thinking often on what I'm about to say to you: God alone! My God and my all! . . . Everything passes and passes quickly! The Tabernacle, that is my rest; the Eucharist, that is my life; the cross, that is my share; Mary, she is my mother; Heaven, this is my hope.

Yes, that will be pleasing to God, your abstention from butter with your bread in the morning.

NOVEMBER 20TH. - You should never judge or examine what your sisters are up to. You won't have to answer for them and neither should you model yourself on them. God doesn't ask the same perfection of everyone. Mortify yourself and don't examine whether the others are doing the same thing as you or not, because God is not demanding it.

You're determined not to believe what I tell you. You saw this morning what God wants of you, because He granted you what you had asked of Him as a sign. . . Well then! Jesus wants you to behave with Him as with a most devoted and sincere friend, without the slightest fear. It's true that His majesty is frightening and that you are well and truly miserable, to dare to have such intimate communications with your Jesus, but is He not the Master, and isn't it His right to enrich the poor? What you should do is ask this kind Jesus to make you rich in virtues as he would have you to be, but in the meantime go on acting as you are inspired to do so. Let your heart expand, because what Jesus wants to see in it above all is love. What graces you will obtain, if you are faithful! . . . Graces of which you've never even thought!

CHRISTMAS 1876. - When you have some suffering or other, you shouldn't go and complain about it to everyone! That doesn't give you the slightest ease. You should tell it to Jesus first of all. What you do in fact is tell Him last, as often as not.

Yes, I am greatly eased and I think the end of my exile is not far off. Oh! if only you knew how much I'm longing to see God! . . . But no one must know of it, except. . . and amid all these supernatural occurrences you are to remain so natural, so simple, that no one notices a thing or gets a hint of what's going on . . . The same goes for all the rest. You understand: efface yourself as much as you can, without, in order to do so, leaving off what it is your duty to do; let everything be simple! God wants to be the only one to know what is taking place in your interior.

JANUARY 1877. - Lean calmly on the adorable Heart of your Jesus. Tell Him all your troubles as you would to a friend. He'll understand. But as for what I told you about the little corner in His divine Heart, it will be shown you when you're a bit more interior than you are, and not before.

Don't make a big thing of all the commotion involved with your class. I'm praying for you every day, for you not to lose your temper.

FEBRUARY 13TH. - (Before the Blessed Sacrament.) Look how lonely Jesus is! Yet right now there could be more people here, if only they had a little more good will. But what indifference . . . , even among religious souls!. Our Lord feels it keenly. You at least, love Him for these unjust souls and Jesus will feel some consolation for this neglect.

MAY 12th. - Mortify yourself in what concerns the body and in what concerns the spirit - the latter above all! Forget yourself. Make a complete an utter denial of yourself. Never look at what the others are up to. God doesn't ask the same perfection of every soul. Not everyone is given the same lights; but you for your part - on whom Jesus is shedding His lights - never look at anyone other than Him; let Him be your only goal in everything!

Before any action, whatever it may be, look and see whether you are going to please Him; that's all that should matter for you. His regard, His love, His good pleasure must be enough for you. A sign of indifference, a lack of concern on your part wounds Him, whereas a continuous remembrance of His Holy Presence on the other hand, one small elevation, a look, a little care shown Him give Him pleasure and He feels it deeply.

Keep guard over your interior and don't waste a single one of God's graces. Don't bother over-much about your body. Be glad to forget yourself. Throw yourself with simplicity into Jesus' arms, and He'll see to it that you're not left wanting. Only you must have a boundless trust in his goodness. If you knew what His power was, would you thus be setting limits to His might? What can't He do for a soul He loves?

DECEMBER 13th. - Don't seek in your actions to please anyone but God alone. It's for Him that you should do everything without human respect, and without ever growing weary: and then, you know what Our Lord has recommended you to do twenty-five times a day. If you love God in truth, He won't, at those moments, refuse you a single thing you ask of Him . . . Yes, you are miserable, it's true. Humble yourself; but Jesus doesn't always give His graces to the holiest people.

Prepare yourself with great care for Holy Communion, confession, Divine Office; in a word, for everything that tends towards a close union with Our Lord.

... Yet it ought to be far less difficult for you than for many another to see Jesus present in your heart at all times; after the graces He has given you in this matter, you shouldn't have any difficulty recollecting yourself!

I've already told you that God is in quest throughout the world of souls who love Him, but who love Him with this childlike love, this respectful, true, yet heartfelt, tenderness. Let me tell you that He has a job to find them! There are fewer of them than people think. People put too much restraint on God's Heart. They think that Jesus is too great to be approached, and the love that they have for Him is cold. Respect ends up by degenerating into a kind of indifference. I know that not every soul is capable of understanding this love Jesus is asking for; but you at least - you whom Jesus has allowed to understand - console Him for this indifference, this chilliness. Ask Him to broaden your heart for it to be able to hold much love. By your marks of affection and by this respectful familiarity that Jesus allows you, you can repair what has not been given to everyone to understand. Do so and above all, have great love!

Never grow weary of the work! Start again every day as though you hadn't yet done a thing! This perpetual denial of one's will, one's comfort, one's way of seeing things, is a long martyrdom that is very meritorious and very pleasing to God.

God wants you to be exceptional, not outwardly, but inwardly. He requires of you such close union that you reach the point whereby you never lose Him from sight, even at the height of your occupations.

– –

1878 (Retreat. AUGUST). - Great sinners and those who have remained far from God almost throughout their lives through indifference, as well as Nuns who are not what they should be, are in the great Purgatory; and there, the prayers offered for these souls are not applied to them. They've been indifferent towards God during their lives. He in His turn is indifferent towards them and He leaves them in a kind of abandonment, for them to repair thus their lives which have been useless.

Ah! you can't imagine or represent to yourself, while still on earth, what God is! As for us, we know and understand, because our souls are extricated from all the bonds which held them down and prevented them from understanding holiness, God's majesty, God's great mercy. We're martyrs, we melt with love, so to speak. An irresistible force drives us towards God as towards our centre of gravity, and, at the same time, another force drives us away, towards the place of our expiation. In this state we're pressurized by the impossibility of satisfying our desires. Oh! how it hurts! . . . But we deserve it and there are no complaints here. We will what God wills. Only, it's impossible to understand on earth what we endure.

Yes! I'm considerably eased. I'm no longer in the fire. All I have now is the insatiable desire to behold God, a really cruel pain nevertheless in itself! . . . But I sense that I am nearing the end of my exile, that I'm approaching the place after which I pine with all my being. I have a clear conscience of it. I can feel myself being freed bit by bit; but as to telling you the day or the time, that is beyond me. God alone knows. I may yet have many years to spend desiring Heaven in this way. Go on praying; I'll pay you back later on, although I'm already praying for you a lot.

Oh! How great are God's mercies on you! Who is able to understand them? Why does the good Jesus behave in this way towards you? Why does He love you more than many others? Why has He yet such great graces to grant you? Is it because you deserve it? No! . . . Even less than many another soul! He just wants to act like this towards you; He is master of His graces. So be thankful, really thankful. Remain continually in spirit at His Divine feet and let Him act. Keep careful watch over your interior. Be very faithful to the principle of examining what can be pleasing to your Jesus. Have no eyes, no heart, no love, but for Him! Always consult Him, before every single thing. Abandon yourself to His good pleasure; and then, be at peace. All I've told you will come to pass; don't oppose any obstacle! It is Jesus who wills it so.

Those who are lost are lost only because they want at all costs to lose themselves, because, to come to this extremity, they will have had to reject thousands of graces and good inspirations sent them by God. So it's their own fault!

– –

When I'm there, I'll tell you whether it's the case, but I think the great feasts in Heaven are celebrated by an intensification of ecstasy, of wonder, of thanksgiving and, above all, of love.

But as regards what I'm telling you in this matter, what is required is that you reach such close union with God that nothing troubles you: sorrows, joys, success, failure, good or bad favour. None of these things must leave the slightest impression on you. Jesus must have full control over everything in you. You inner eye must be ceaselessly fixed upon Him so as to catch His smallest wish.

For you, what hasn't Jesus done? What won't He do again? Let your exterior be properly composed; but, as regards the interior, it's altogether another matter, as you should know. Don't busy yourself with anything whatsoever except what concerns you; wherever you are, keep your eyes lowered. Talk but little and in a low voice; but carry on a continual conversation with your Jesus. No! you don't weary Him; it's what He wants to hear from you. Be nice to the children. Don't be abrupt with them. Be ingenious in finding ways of mortifying yourself, of breaking your self-will. Let your attentions towards the people who are agreeable to you be somewhat less than those shown towards the others, whatever wrong they may have done you, and that, in order to deny yourself; Jesus will be pleased by this. What harm can all that do you in any case? In this matter, that's just where the human Self must be reduced to silence; you must be subject to Jesus who wills it thus and keep your self-love from coming to the fore; carry out all his good pleasure, eyes closed.

Why is it that when I pray for you I do so with less fervour than when I pray for so many others, and even forget you altogether, quite often? - R. . . Don't torment yourself about it. It's God who permits things thus; and for me too it's a kind of punishment. If you prayed more than you do, I wouldn't be any the more relieved. God wills it thus. If He wants you to pray now, He will give you inspirations to this effect.

I repeat, yet again: don't be frightened of me. You won't see me in my sufferings. Later on, when you're stronger in soul, you'll see some of Purgatory's souls, among them some really ugly ones. But don't dwell on that thought to such an extent as to be terrified by it. God will then give you the necessary bravery and everything you need in order to accomplish his Holy Will.

It's been given me as a punishment, hasn't it? R. . . Don't be silly! I come to you for my relief and your sanctification. If only you would pay a little more attention to the things I tell you . . .

- All right; but I find all these matters so flabbergasting that I don't know what to make of the whole affair! It's so unusual to hear you talk like that! - R. . . I fully understand your bewilderment. I know what you're going through in this business; but, seeing that God permits it and that it brings relief to me, you're not going to begrudge me your compassion, are you? When I'm delivered, you'll see that I'll give you back more than you ever gave me. I'm praying hard for you as it is.

Where's Sister . . . ? - In the grand Purgatory, where she gets no one's prayers. God is often obliged to go against His wishes (if one can use such an expression) at the death of many a Nun, because He had called these souls to Himself, for them to serve Him faithfully upon earth and go immediately after death to Heaven, to glorify Him . . . On the contrary, what often happens is that they spend a long time in Purgatory, a much longer period than people of the world who haven't had so many graces!

– –

1879 (*Retreat.* SEPTEMBER.) - We see Saint Michael, as one "sees" Angels; he hasn't got a body. He comes to Purgatory to fetch all the souls which have been purified: he's the one who leads them to Heaven. Yes, it's true, he's among the Seraphim, as Monseigneur said. He is the first of the Angels in Heaven. Our guardian Angels come to see us too, but Saint Michael is so much more beautiful than they! As for the Blessed Virgin, we see her with her body. She comes to Purgatory on her feast days and returns to Heaven with many souls. While she is with us, our suffering stops; St. Michael comes with her, but, when he's on his own, our sufferings continue as usual.

When I spoke to you of the grand Purgatory and of the second Purgatory, it was in order to make you understand. What I meant by that was that there are different degrees in Purgatory. Thus, I call grand Purgatory the place in which are found those souls which are most guilty - where I remained for two years without being able to give any sign of my torments, and then the year in which you heard my complaints; you know that I was still there when I began to speak to you.

In the second Purgatory, which is still Purgatory, albeit different from the first, one's suffering is still great, but smaller than in the first; last of all there is a third place, the Purgatory of desire. There is no fire there. In it are the souls which have not had a great enough desire for Heaven nor a great enough love for God. That's where I am at present. What is more, in these three Purgatories there are many degrees. As the soul is progressively purified, it does not suffer the same torments. Everything is proportioned to the faults it has to expiate.

Are you now going to shake yourself out of it and give yourself once and for all to God? How long have I had to pester you to get you to do it!

The Retreat has been satisfactory; it will bear its fruits. The devil hasn't been at all happy.

God has a great love for the Father who gave you the Retreat.

Tell the kind Father that I am grateful to him for the *Memento* he promised to make for me at Holy Mass. I for my part will not be grudging in my gratitude; I shall pray God to grant him the graces he needs.

You did well to tell him, this evening, everything I told you. It is Saint Michael who sent him to you; the Community has received profit from it, but what is certain is that it is above all for you that he has come here. Saint Michael, whom you love and who has been protecting you for a long while, willed that it should be one of his Missionaries that should come to know all that I've said to you. God has his designs in these happenings. You'll know them later on. You'll also later on be able to give him more precise news of Saint Michael.

You ask me whether Father P. is pleasing to God. This is what you must tell him: let him go on acting as he has done till now; he is pleasing to God and what God likes most of all in him is his great purity of intention and interior spirit, his goodness for souls. Tell him that he should continue to unite himself more and more intensely to the Heart of Jesus. The more intimate is his union, the more meritorious for Heaven and profitable for souls will be his actions and his whole life. It is no ordinary perfection that I expect from him. Let him recommend in Missions and Retreats the offering of the day's actions, because, in the world and even in Communities, people don't always think enough of doing so, and the result is that many actions, good in themselves, won't have their reward on the last day, because they weren't offered to God before being carried out. Let him never lose courage, if he sees that his efforts don't succeed in accordance with his desires; he should reflect that God is pleased and satisfied with his works, should he but have placed for a quarter of an hour a little bit of love in men's hearts! . . .

What I've just told you was made known to me by God, because Father didn't receive you too badly when you spoke to him the other day. Do what he told you to do. Write down for him everything you know through me. Don't forget a single one of them and take good profit of all the advice he gives you on the matter. It's God, as I've already told you, who has sent him to you. He has great designs in acting thus on your behalf. Be very faithful to every single grace that the good Jesus bestows on you. It, later on, as indeed I hope He will, God makes known to me something further for your Father, I'll tell you. Thank him once again for his prayers and tell him that I won't be lacking in gratitude. I shall pray for him as I am right now for you.

– –

Reflect on the fact that God wills you to become a saint. You can tell yourself that it's not a night's work, because how long is it since your Jesus has been pursuing you? And the same goes for me! But it's now time to get down to it, and this time you must really set your mind to it; you had a particularly clear perception of this during your Retreat. Don't put a single obstacle in the way of Grace; let yourself be led by God as He Himself thinks fit. But above all, don't resist any of His inspirations. Put nature and self aside; then, freed of this burden, walk on and go on walking without ever growing weary. Pray hard for me, that I may soon reach the object of these so long-awaited and deep desires of mine! I'll be of even greater use to you in Heaven than here. You had a good thought, the day the Retreat ended, when you invited me to adore Jesus present in your heart during your thanksgiving. Had you done that hitherto, I would have received greater ease. Do so now and likewise before all your prayers; and offer a small part of your work for me. My desire to see God is so great.

Yes, the little notebooks are most pleasing to God. It is the shortest way of reaching a great perfection and an intimate union with Jesus.

For some time now I've been waiting for a little bit more love in all you do. The more a soul loves Jesus, the more meritorious are its prayers and actions before Him. Love alone will be rewarded in Heaven. Everything done with some other intention will be of no avail and, consequently, wasted. So really set your mind to loving Jesus, as He wishes. I'll receive great relief from my suffering if you do.

Is God a bit more satisfied with me these last days? - R. . . Yes, He is pleased with you because you're seeking harder to bring contentment to Him. Have you noticed His kindness? Did you see the attention He gave you? Hasn't He brought contentment to you too these past days? This indeed is how He will always act towards you. The more you do for Him, the more will He do for you. I'm so happy to see that you really want to love God and work at your perfection that, if it meant remaining a little longer in Purgatory, I would do so gladly, if I knew that, by suffering this, I would obtain the satisfaction of seeing you reach the state in which God desires to see you in order to carry out His plans.

Never look back in order to make excessive examination of your conduct. Commit it wholly and entirely to God's hands and go on walking onwards.

Your life must be summed up in two words: sacrifice, love! Sacrifice from morning till evening, but also, at the same time, love!

If only you knew what God is like! There is not one sacrifice that you would not be willing to make, not one pain that you would not be willing to endure just so as to see Him for one minute, after which you would be more than satisfied, even were you never again to see Him! What then will it be like for all eternity!

For you, there is no half way. Certain souls will be saved by this means; but as for you, you will be either a great saint, or a great sinner; choose. Do you remember how, one day, during one of your first Retreats, a long time ago, you were greatly touched by this message: there are some souls for whom there is no half way? They will be either angels or demons. Apply this to yourself. As time has gone on, you have gradually come to a clear perception of the fact that it was meant for you!

– –

AUGUST 13th. - I have a number of things to tell you that only you and Father will understand. Have you thought of thanking God for sending him to you? Pray for him every day

What is the best way of glorifying St. Michael? R. . . The most efficacious way of glorifying him in Heaven and on earth is to recommend as much as possible the devotion to the souls in Purgatory and to make known the great mission he fulfils with regard to the suffering souls. He it is who has been charged by God with the duty of bearing them to the place of expiation and of introducing them, after satisfaction, to the eternal abode. Each time that a soul comes to increase the number of the elect, God is glorified by her and this glory has, in some way, its counterpart on the glorious minister of Heaven. It's an honour for him to present to the Lord souls who are going to sing His mercies and unite their gratitude to that of the elect for a whole eternity. I'm incapable of making known to you all the love that the celestial Archangel has for his Divine Master and that which God in turn has for St. Michael, nor the love, the great pity that the holy Archangel bears towards us. He gives us encouragement in our suffering, by speaking to us about Heaven. Tell Father that, if he wants to gratify St. Michael, he should recommend devotion to the souls in Purgatory. People just don't think of it in the world. When they lose parents and friends, they say a few prayers, weep for a day or two; and that's it! Souls are left abandoned; it's true that they deserve to be, because they didn't pray for the dead on earth, and the Divine Judge does but give use in the other world what we've done in this one. Those who have forgotten the souls that suffer are forgotten in their turn, and it is only just that they should be, but had someone inspired them to pray for the dead, had someone given them some idea of what Purgatory is like, they might have acted differently.

When God permits, we're able to communicate directly with the Archangel after the manner in which spirits and souls hold communication with each other.

How is Michelmas celebrated in Purgatory? - R. . On his feast-day, St. Michael came down to Purgatory and went back to Heaven with a large number of souls, especially among those which had been devoted to him during their lives.

What glory does St. Michael receive from his earthly feast? When a Saint's feast is celebrated on earth, he receives in Heaven an accidental glory. Even should this feast not be celebrated, in memory of some heroic act or other which he did during his life or of the glory he procured for God on some occasion, in memory of this, he has in Heaven nonetheless a special reward at that time; this reward consists of a doubling of accidental glory coupled with that brought to him from the remembrance that is made of him on earth. The accidental glory that the Archangel receives is superior to that of the other saints, because the glory I'm speaking of is proportionate to the greatness of the merit of him who receives it, as also to the value of the act which has deserved this reward.

Do you know what's going on on earth? - R. . . I know the things of the world only to the extent in God wills and my knowledge is limited. I've been allowed to know something of the Community, but that's all. I don't know what is taking place in the souls of others, only yours; and as for this, God permits it for your perfection. The things I've occasionally told you for certain individuals - and those that I've yet to tell you - are made known to me when the time comes; outside this. I have no other knowledge whatsoever. Some souls have more extensive knowledge than I have. It's all in proportion to merit. Thus, as regards your father's relations, I don't know at present what God's will is for them . . . Shall I perhaps know later on? I've no idea. I'll pray God for them and recommend them to St. Michael.

– –

As for the degrees in Purgatory, I can well speak of them, because I've passed through them. In the grand Purgatory, there are different degrees. In the lowest and most painful, which is in fact a temporary hell, are those sinners who have committed enormous crimes during their lives and who have been taken by surprise in this state by death, a death which gave them barely enough time to recognize their own condition. They have been saved as by a miracle, often through the prayers of devout parents or others. In some cases they were not even able to go to confession and the world thought them lost, but the Good Lord, whose mercy is infinite, gave them, at the moment of death, the contrition necessary for salvation, in view of one or several acts which they did during their lives. For these souls, Purgatory is terrible. It is hell, with this exception, that in hell God is cursed, whereas in Purgatory He is blessed and thanked for having saved us. Then come the souls who, though they may not have committed great crimes like those in the first group, have been indifferent towards God; during their lives they didn't fulfil their Easter duties and, having been converted likewise at the hour of death, often without being able to receive communion, they are in Purgatory to make up for their prolonged indifference, suffering unheard of pains, abandoned, without prayers . . . or, if prayers are offered on their behalf, unable to gain anything from them.

Then finally there are in this Purgatory lukewarm Religious of both sexes, forgetful of their duties, indifferent towards Jesus; priests who, having failed to exercise their ministry with the reverence due to sovereign Majesty, did not cause God to be loved by the souls entrusted to them as they should have done.

This was my degree.

In the second Purgatory are to be found the souls of those who die with the guilt of venial sins which were not expiated before death, or of mortal sins which have been forgiven, but for which Divine Justice has not received entire satisfaction. In this Purgatory too there are different degrees, corresponding to the merits of each person. Thus, the Purgatory of consecrated souls or of people who have received more abundant graces is longer and more painful than that of ordinary folk.

Last of all there is the Purgatory of desire, called Forecourt. Very few people avoid it; to do so, one must have desired Heaven and the vision of God ardently, and that is rare - rarer than people think, because a large number of people even devoted ones are afraid of God and don't desire Heaven with sufficient ardour. This Purgatory has its really painful martyrdom like the others; deprivation of the sight of Jesus, how it aches!

Do you recognize each other in Purgatory? - R. . . Yes, after the manner of souls. There are no more names in the other world. Purgatory must not be likened to earth. When the soul is free and rid of its mortal encasing, its name is buried in the grave with its body. I can explain to you a tiny bit of what Purgatory is like and you have a slightly greater understanding of it than others through the light that God gives you. But what's this tiny bit compared with the reality? We are here lost in the Will of God, whereas, on earth no matter how holy you are, you always keep your own will. We for our part just have no more of it. We know and are aware of what it pleases God to let us know - that alone, and nothing further.

Do you speak to one another in Purgatory? - R. . . Souls communicate with each other when God allows it, as souls do, but without words . . .

. . . Yes, granted; I do speak to you, but are you a spirit? Would you understand me, did I not pronounce the words? . . . But as for me, since

God wills it thus, I'm able to understand you without your having to pronounce the words with your lips. Yet there is communication between souls, between spirits, even without death. Thus, when you have a good thought, a good desire, they've often been communicated to you by your Guardian Angel or by some other Saint, sometimes by God Himself: you have there an example of the language of souls.

Where is Purgatory situated? Is it in a confined place? - R... It's in the centre of the earth, near hell (as you saw it one day after Holy Communion). The souls there are in a confined space in comparison with the huge number to be found in it, because there are thousands upon thousands of souls there, but how much room does a soul take? Every day, several thousands come in and the best part are there for thirty or forty years; some considerably longer, others less. All this I'm telling you in earthly calculations, because where we are, it's all different. Ah! if people only knew! If they but had some idea of what Purgatory is, and when you think that it's through your own fault that you're there! I've been here for eight years. It seems as though ten thousand years had gone by! ... Oh! gracious Lord! Tell all this to your Father! ... Let him learn from my experience what this place of suffering exactly is, for him to make it better known in the future. He can prove for himself how profitable devotion to the souls in Purgatory is. God often grants more graces through the intermediary of these suffering souls than through the Saints themselves. When he wants to be really sure of obtaining something, let him address himself preferably to the souls who have had the greatest love for Our Lady, the ones, namely, that this good Mother desires in consequence to deliver, and then let him tell you whether or not he was glad to have done so. - There are also a certain number of souls who don't dwell in what is, strictly speaking, Purgatory. Thus, I myself accompany you during the day wherever you go, but, at night, when you're resting, my suffering is greater; I'm then in Purgatory. Other souls do their Purgatory in the places in which they have sinned, or at the feet of the holy altars where the Blessed Sacrament resides, but, wherever they are, they bear continually their sufferings with them, even though these are a little less intense than in Purgatory itself.

Father was quite right in telling you never to seek anything but the Holy Will of God in all you do. This will be your joy; seeing His Will in all that comes your way, sufferings and joys. Everything without exception, comes from Jesus. Oh! be good, doubly good, to please the good Lord, who is so good to you! Always keep the eyes of your soul open on Him so as to catch the slightest of His desires. Go even as far as to anticipate them, to delight Him. The more pleasure you seek to give Him, the more of it will He give you in return. He won't let Himself be outdone in generosity; on the contrary! He always gives more than He's given. So be ingenious in giving yourself up for His love and glory.

– –

The English girl* drowned at Mont Saint-Michel went directly to Heaven. She had the required contrition at the moment of death and at the same time the baptism of desire. All this took place thus through the intervention of St. Michael. Blessed shipwreck!

- As for the Father who has withdrawn, St. Michael has not been satisfied, but God left everyone his liberty. He wants at His service only those who give Him the free homage of that service without ever looking back.

- Give this message from God to Father P. He must continue with great courage everything he has undertaken for Him, but he should be prudent, that is, he should avoid overdoing it and going beyond his strength. I'm praying for all his intentions and for him as well, as I've already said to you - as I am for you.

Pius IX went straight to Heaven; his Purgatory was done on earth.

How do you know that Mr. P. went straight to Heaven, seeing that you didn't see him pass through Purgatory? - R... God made it known to me and it's likewise He in His goodness who permits that I should know what you ask me, when I haven't seen or felt it for myself. God's justice detains us in Purgatory, true, and we get what we deserve, but rest assured that His mercy and His fatherly Heart don't leave us there with no consolation at all. We desire with ardour our complete union with Jesus, but He for His part desires

9*   Or Englishwoman (French: "L'Anglaise").

it almost as much as we do. On earth He often communications Himself in an intimate manner to certain souls (because few want to listen to Him) and He delights in unveiling His secrets to them. The souls who receive His favours are those who seek to be pleasing to Him in all their conduct and who live and breathe for Jesus alone and for his good pleasure. In Purgatory, there are really guilty souls, but they are repentant and, despite the faults they have to expiate, they are confirmed in grace and can sin no more: they're perfect. And what is more! as the soul gradually becomes purified in the place of expiation, it gets to understand God better or rather, God and the soul get to understand each other better, though still unable to see each other, because if that were possible, it would no longer be Purgatory. If we didn't know God better in Purgatory than on earth, our sufferings would not be so acute, our martyrdom so cruel; what constitutes our chief torment is the absence of the One who is the sole object of these such deep desires of ours.

And when a soul is destined to have a more glorious place in Heaven, does it receive likewise in Purgatory more graces than many another soul? R . . - Yes, the more a soul is destined to occupy a high rank in Heaven and, as a result, to know its God better, the more extensive are its capacities of knowledge and the more intimate is its union with Him in the place of expiation. Everything here is in proportion to merit.

V.P.'s three friends have been in Heaven for quite some time.

- If that's so, what became of the prayers that Father P offered for them? - R. . . Those who are in Heaven and for whom prayers are offered on earth can dispose of these prayers in the interests of the souls to which they desire to apply them. It brings the sweetest recollections to the souls of the other world when they see that parents or friends haven't forgotten them on earth, even though they have no further need of prayers. They in return are not niggardly in their gratitude.

- God's judgements are quite different from those of the world. He takes into consideration temperament, character, what is done out of frivolity or out of pure malice. Unlike men, He knows the depths of the heart, it isn't hard for Him to see what's going on. True enough, Jesus is very tender, but He is nonetheless very just at the same time!

How far is it from the world in which we live to Purgatory? - R. . . Purgatory is in the centre of the globe. Isn't the world itself a Purgatory? Of those who live in it, some do it entirely while still there through voluntary or accepted penance; these go, after death, immediately to Heaven; others begin it there, because the world is a veritable place of suffering, but these souls, lacking as they are the generosity which is needed, will have to finish off their earthly Purgatory in the real one.

Those deaths which are sudden and unforeseen, are they acts of God's justice or of His mercy? - R. . . Deaths of this sort are sometimes an act of justice and sometimes an act of mercy. When a soul is of a worrying nature and God knows it to be prepared and ready to appear before Him, in order to spare it the frights it might have at the final moment, He withdraws it from this world by a sudden death. And at other times God takes souls away in His justice. That doesn't necessarily mean that they're utterly lost, but, deprived as they are of the last Sacraments or having received them hastily, without having prepared themselves for the last crossing, their Purgatory is considerably more painful and goes on for a longer time. Others, having reached the very limit with their crimes and remained deaf to every single God-given grace, are removed from the world. God takes them off lest they excite His vengeance even further.

The fire of Purgatory, is it a fire like the one we know on earth? - R. . . Yes, only with the difference that the fire of Purgatory is a purifier that has to do with the justice of God and that of the earth nice and gentle compared with Purgatory's! It's but a shadow beside the great brasiers of Divine Justice.

But how on earth can a soul burn anyway? - R. . . By a just permission of God; the soul, that is, the guilty partner, since all the body did was obey (and what malice do you ever see shown to a dead body?), the soul suffers as though it were the body that suffered.

— —

Tell me, what takes place during the last agony, and in the time that follows? Does the soul find itself in the light or in darkness? Under what form is the sentence pronounced? - R. . . I had no agony, as you know, but I'm able to tell you that at this last decisive moment the devil lets out all his fury on the dying. In order to give souls greater merit, God allows them to undergo these last hours of testing, these last battles: strong and generous souls, so that they may have a yet more glorious place in Heaven, often have, at life's end and during the pangs of death, a taste of these terrible fights against the angel of darkness (you yourself have been a witness to the fact), but they come through it victoriously. God doesn't allow a soul who has been faithful to Him throughout her life to be lost in these final moments. Those who have loved the Blessed Virgin, who have invoked her all through their lives, receive many graces from her during the last struggles. The same is true of those who have been devoted to St. Joseph, St. Michael or some other Saint. It is then, as I've said to you already, that one is glad to have an intercessor before God in this painful moment. There are souls who die in peace, without experiencing anything of what I've just described. The good Lord has His designs in everything: He does or permits everything for the particular good of each.

How am I to tell you and describe to you what takes place after the agony? It isn't possible to understand it properly without having gone through it. I'll try nevertheless to explain it to you as best I can. The soul, as it leaves its body, has a feeling of being utterly bewildered, completely besieged (if I may so speak) by God. It finds itself in such lucidity that in the twinkling of an eye it perceives its whole life and, in accordance with what it sees, what it deserves. It's the soul itself that in the midst of this so-clear sight pronounces its own sentence. It does not see God, but is annihilated by His presence. If it is a guilty soul, as was my own case, and in consequence, has merited Purgatory, it is so crushed down by the weight of its faults still remaining to be effaced that it plunges itself of its own accord into Purgatory. It is then and then only that one understands God. His love for souls and how wretched sin is in the eyes of His Divine Majesty. St. Michael is there when the soul leaves the body; it is him alone that I saw and that all souls see. He is as it were the witness and the executioner of Divine Justice. I also saw my guardian angle. All this is to help you to understand how it is that it can be said that St. Michael carries our souls to Purgatory . . . , because a soul can't be carried, yet nonetheless it's true, inasmuch as he is there, present at the execution of the sentence. All that goes on in the other world is a mystery for yours.

And when it's a soul that is to go straight to Heaven? - R. . . For this soul, its union begun with Jesus just goes on at death: that's what Heaven is, but Heaven's union is far more intimate than earth's.

– –

Why have you behaved like this towards God today? He's not pleased with your conduct. You know how good He is to you; it's ingratitude on your part. And why do you examine the behaviour of others? Just be concerned with your own. Not everyone has the same head and, if you had been destined to lose it during these seven years that I've been talking to you, after all the frights you've had, it would already have happened a long time ago. So be assured and never again do as you've done today!

You're quite right not to be fond of ecstasies. They must, of course, be accepted when God sends them, but He doesn't want us to desire them. It's not things of that sort that lead to Heaven. A humble, mortified life is more to be desired and is much safer. It's true that a number of Saints have had revelations and ecstasies, but it was a reward that God gave them after long battles and a life of renunciation, or again because He wished to use them for some great purpose in view of His glory; and it would all take place without noise, without limelight, in silence and prayer, and, when once they were found out, they would be utterly ashamed of the whole thing and avoid speaking of it except under obedience.

God has pounded in the past, but learn patience and be stoutly courageous because He is to pound you yet again in the future.

Tell Mother Superior that if she ever meets souls with a character and temperament like Sister X. . . 's, she should be wary of them and not listen to all that it pleases them to tell her.

As regards what you tell me, take assurance. This is how you can know that a grace is given you by God. These graces come to you and pour over you as a flood of water what takes you by surprise in the middle of a fine day, when the sky seems almost serene. When this happens one has no reason to have fears about having sought them deliberately: they hadn't even entered our minds. You've noticed this already a number of times. It's quite different from the graces that one thinks are given by Jesus and which are but the fruit of an imagination that has been hard at work in their production. Graces in this category are to be feared, because the devil often joins in and takes advantage of a weak brain, a weak temperament, a not too sane judgement; with this, he feeds with illusions these poor souls who, for their part, are no more sinful for it, provided that they submit themselves to those who are directing them, and I can tell you that there are many in this state in the world in our day. The devil acts in this way so as to turn religion to ridicule! Few people love God as He wishes. It is themselves that they seek in what they think is their search for God and dream of a sanctity which is not the authentic one!

In that case, tell me in what consists the real one? - R . . . You know perfectly well; but, since you desire it, I'll tell you once again, because I've already spelt it out to you many times: true sanctity consists in denying oneself from morning to night, in living on sacrifice, in learning to lay aside human self, in letting oneself be worked upon by God as He wishes, in receiving the graces that come to us from His goodness with deep humility, esteeming oneself, no, realizing that one is unworthy of them, in keeping oneself as far as is possible in God's presence, in carrying out all one's actions beneath His divine regard, seeking none but Him for witness to one's efforts, Him alone for sole reward, and in all the various other things that I've already told you. This is the sanctity willed and demanded by Jesus of the souls who wish to belong wholly to Him and to live with His life. The rest is but illusion.

– –

Some souls do their Purgatory on earth through suffering, others through love, because love too has its own very real martyrdom. The soul that seeks to love Jesus in truth finds, in spite of its efforts, that it doesn't love Him as it would wish to, and it is for this soul a perpetual martyrdom, caused by love alon and not without acute pains! It's, as I said, something of the state of the soul in Purgatory that yearns, reaches out ceaselessly toward the One who He is its sole desire and finds itself simultaneously repulsed, because its expiation is not yet complete.

Ask Mother Superior for permission to re-read what I tell you from time to time in place of your spiritual reading. Take one day in the week, Thursday for instance, because what's the use of writing, if you never look at it again? You end up forgetting it and it's not for that that I tell it you; it's for you to gain profit from it.

If I hadn't spoken to anyone about what you've been telling me since I began hearing you, what would have been the result? You know how much I wanted to keep it all for myself alone! - R. . . You were quite free to keep it all to yourself, but had you not spoken of it, I would have advised you to do so, because God never allowed anyone's perfection to come directly from Heaven. Since it dwells on earth, He wills that it should be on earth that it be brought to perfection according to the advice that He allows people to give to this end. So you did well to confide what it cost you so much to tell. In any case, all this doesn't come from you and the good Lord, who directs everything for the good of those He loves, knows at the same time how to draw His glory from it.

NOVEMBER-DECEMBER 1879. - . . .'s sister-in-law in Purgatory, and is in great suffering there. Rev. Father can help her by offering the Holy Sacrifice of the Mass for her.

The old sinner was saved through God's mercy, like so many others. He's in the Greater Purgatory.

Does All Souls' Day and its octave bring joy and a large number of deliveries to Purgatory? - R. . . On All Souls' Day, many souls leave the place of expiation for Heaven and, by a great grace of God, on that day alone all the suffering souls, without exception, have a share in the public prayers of Holy Church, even those which are in the Greater Purgatory. Nevertheless, the relief that each soul obtains is proportional to its merit. Some receive more, others less. But every one does have a clear perception of this exceptional grace. Many of the poor suffering souls, by God's justice, receive no other single relief but this one throughout the long years that they spend in Purgatory. However, it's not on All Souls' Day that the greatest number of souls goes up to Heaven; it's on Christmas Day.

\- \-

There are lots of things that I could tell you, but I haven't permission to do so. You have to do the asking. Once you do, I'm free to answer. I have received great ease from Rev. Father's kind prayers. Tell him that I'm thanking him for his own prayers and for those he's been kind enough to get said for my intention. I'm praying continually for him, as I said to you. I hope to be able to do even more once I'm in Heaven. And tell him that I know he's praying for me and that the same is true of the other souls in Purgatory. By a permission of God, it's often just another source of suffering for them, because the prayers offered for their intention are not always applied to them. In Purgatory one receives from the world's prayers only what God wills each soul, according to its disposition, to receive. It's yet one more pain for the Poor Souls to see that the prayers offered for their own delivery serve, not for them, but for others. Very few souls get prayers; the majority are left abandoned, without a single remembrance or a single prayer from the world.

As for the time of our delivery, we know nothing at all. Did we know the appointed limit of our sufferings, it would be a comfort, a joy for us, but no! We're clearly aware that our pains are diminishing, that our union is becoming more intimate, but as for the day (in earthly terms, because here days don't exist) on which we're to be joined to Him, we haven't a clue; it's God's secret.

The souls in Purgatory have of future events only the knowledge that God permits and wills to give them. Some souls according to their merits, have more knowledge than others; but what use are all these things about the future to us, unless they have a purpose for the glory of God or the good of some souls or other?

It is no matter for surprise if the devil and his partners sometimes give knowledge of future events which come to pass as they predicted. The devil is a spirit; consequently, he has far more ways and means of obtaining bits of information than any earthly person, with the exception of some Saints whom god enlightens with His own light. He prowls all over the place, looking for something evil to do; he sees what's going on in different parts of the world and, with the sagacity which is his, he is able to foresee a good many things which happen just as he saw them coming: the explanation is as simple as that. Woe betide those who turn themselves into his slaves by consulting him; it's a sin which is thoroughly displeasing to God.

Can departed souls sometimes make mistakes? Can God allow that to happen? - R. . . Yes, . . . not in regard to existing things, but in regard to future things, but that doesn't mean to say that there's any imperfection on their part. Doesn't God, Himself appear to change quite often the order of His designs?[10] Here's an example: it might be that God, in His justice, wills to punish a kingdom, a province, an individual: this is the intention that He makes known, but if a certain number of people in this kingdom, this province, through prayer or by some other means, disarm His justice, God will grant them a complete pardon or will reduce the penalty, according to the previsions of His infinite wisdom. Indeed, it often happens that He lets major events be predicted before they happen, or that He gives knowledge of them to certain souls, so that they may forestall and prevent His vengeance: so great is His mercy that He punishes only as a very last resort. Thus as regards the person you mentioned to me one day, I didn't tell you, at the moment of asking, the course of events that actually came to pass. Yet it was really what God was letting me understand at the time; but, seeing that she changed her behavior somewhat, God only inflicted half the punishment reserved for her, were she to have persisted in the same dispositions. This is how we can sometimes give the impression of being mistaken.

– –

Are many Protestants saved? There are, through God's gracious mercy, a certain number of Protestants who are saved, but their Purgatory is lengthy and in many cases rigourous. It's true that they haven't abused graces like many Catholics, but it's also true that they haven't had the singular graces of the Sacraments and the other aids of the true religion, the result being that their expiation is protracted at length in Purgatory.

---

10. This manner of speaking is adapted to human language which is capable of perceiving only successions of events and changes in the course of Time . . . But Time does not exist for God and, consequently, neither does any kind of succession or change: His decrees, foreseen and fixed from all eternity, are as unalterable and eternal as He is Himself.

I'm speaking in a lower voice than usual, because you yourself have these last eight days been talking too quietly to God during psalmody. When you increase your volume, I'll do the same.

Do you, in Purgatory, know about the persecution that is being directed against the Church? Do you know when it will end? - R. . . We know that the Church is being persecuted and we're praying for her triumph, but when is it to be? I've no idea . . . Maybe some souls know! This one is in ignorance.

In Purgatory, souls don't remain solely occupied with their pains; they pray a lot for God's major interests, for the people who abridge their sufferings. They praise and thank Our Lord for His infinite mercies towards them, because the limit between Purgatory and Hell has been really narrow: a wee bit further and they would have tumbled into the abyss. Judge for yourself what kind of gratitude is felt by these poor souls snatched thus from Satan's grip.

It's impossible for me to explain to you how it is that we no longer see the world as you do; this can't be understood before the soul has left the body, because once that has happened, the world that it has just left behind, by abandoning its body to it, no longer seems to it as anything more than a dot compared with the endless horizons of eternity that open out before it.

No notice should be taken of considerations such as: "What will people say?" True merit for a soul doesn't consist in receiving with patience reproaches that it to some extent deserves, but in receiving what it doesn't deserve, especially when she has done everything in her power to do what she is accused of as best she could.

– –

I receive greater relief from one of your actions carried out in close union with Jesus than from a vocal prayer, because what does God answer? All that is done with an interior spirit. The more intimate a soul's union with Him, the more He answers all she asks of Him; a soul intimately united to Jesus is mistress of His Heart. So strive towards this union that Jesus has been expecting of you for such a long time. You want to give Him pleasure; this is the only means: drawing ever closer to His Heart by a great attention for the slightest desires of His Divine Will. You must reach the point whereby He is able to turn you backwards and forwards just as He pleases and that He never ever meets resistance on your part. Once you have reached this stage, you'll see and understand His goodness.

Make a serious effort to work for God alone. Don't ever seek anyone other than Him as witness to your actions. Thus avoid letting thoughts of this kind enter your breast before any act, whatever it may be: "I'll do this to please so-and-so; if I do that in such and such a manner, I'll be well thought of by so-and-so." God doesn't like these human ways of thinking in anyone and even less in you. Direct your intention solely to the end of pleasing your Jesus, Him alone. If it happens that, while acting thus, you please someone or some people, all the better for that. If the contrary happens, so much the worse! God is pleased; that must be all that matters for you.

DECEMBER 8th, 2.0 a.m. - *Immaculate Conception.* - Alas! How many lives appear to be packed with good works, lives that, at death, will be devoid of them. . . . , because all these things that are good in appearance, all these glorious acts, all this seemingly irreproachable behaviour, all this was not done for Jesus alone. They wanted to appear, to shine, to pass for an exact observer of the rule, for a regular Religious: that was the sole driving-force of many an existence. And in the other life, where we are, what disappointment! If only you knew how few people act for God alone, carry out all their actions for God alone . . . Alas! At death, when one is no longer blindfolded, what regrets people prepare for themselves! Alas! If men but spared a thought sometimes about eternity! What is life compared with this day which will know no evening for the elect, with this evening which will know no day for the damned!

We love everything on earth, we become attached to everything except the One who should alone have our affection and who is refused it. The Jesus of the tabernacle waits for souls who love Him and finds none. There's hardly one in a thousand that loves Him as He should be loved! You at least, love Him; make up for this really culpable indifference that exists in the world!

But, in Purgatory, He's loved surely? - R. . . Yes, but it's a love of reparation and had we loved Him as we should have done on earth, we wouldn't be so numerous, there wouldn't be so many souls in the place of expiation.

In Heaven, though, Jesus is properly loved? - R. . . In Heaven, He is loved a lot. There, He is consoled, but even that is not what Jesus is looking for. His Heart's wish is that He be loved on earth, on this earth on which He reduces Himself to nothing in every tabernacle, so as to be more easily approached and it isn't the case. We go past a church with more indifference than that shown before a public monument. If it sometimes happens that we go into the holy place, it's more to outrage the Divine Captive who resides in it, by our coldness, our bad behaviour, by prayers said hastily and without attention, than to say a word to Him from the heart, a word of friendship and gratitude for His goodness towards us.

Tell Rev. Father that God expects of him this love that He so rarely meets, being that he comes so close to Jesus every day and receives Him into his heart. Oh! tell him that, in those blessed moments, he should make up by the warmth of his affection for the indifference of so many ungrateful people, that his heart should melt with love before Jesus present in the Host, above making up for the indifference of His priests, who have the same joy as he and who treat the sacred mysteries with a heart of ice, who remain as cold as marble before this brasier of love, and who haven't a single word of affection to say to Jesus. Each day his union with God should be more intimate; thus will he prepare himself for the great graces that Jesus is reserving for him.

I said that there are souls who do their Purgatory at the foot of the altar. They're not there for the faults they committed in church; such faults, since they attack directly Jesus present in the tabernacle, are punished very severely in Purgatory. So the souls which are there in adoration are there rather as a reward for their devotion to the Blessed Sacrament and their respect in the holy place. They suffer less than if they were in Purgatory itself, and Jesus, whom they contemplate both with the eyes of the soul and with the eyes of faith, mitigates by His invisible presence the pains they endure.

– –

JANUARY 1880. - On Christmas night thousands of souls left the place of expiation for Heaven; but a lot stayed behind and I'm one of them.

You sometimes tell me that the perfecting of a soul is a really long process. You were right. You're also amazed that, despite so many prayers, I remain for such a long time without the enjoyment of the vision of God. Alas! The perfecting of a soul in Purgatory doesn't go any faster than on earth. There are some - a precious few - who have no more than a few venial sins to expiate; those souls don't stay long in Purgatory. A few prayers well-said, a few sacrifices, and they're free in no time. But when they're souls like me - and it's nearly everyone's case! - when they've lived a life whose value is roughly nil, being little or hardly at all bothered about their salvation, in these cases, life has to start all over again in the place of expiation; the soul has to begin its work of perfection anew and love and desire of One it didn't love enough on earth. That's why a soul's delivery sometimes demands such a long wait. It's already a great grace on God's part that I'm allowed to crave prayers. I didn't deserve it; without that, I'd be like the majority here, stuck for years and years!

Do Nuns have any relations with others of the same religious family? - R. . . In Purgatory, as in Heaven, Religious of the same family aren't always together; souls don't all deserve the same penance or the same reward. Nevertheless they recognize each other in Purgatory. And when God permits it, they can communicate with each other.

Is it possible to receive a prayer or a thought from a departed friend and to let him know how he has not been forgotten? - R. . . It's possible to make earth's remembrances reach us, but it's not much use; I've already told you that the souls in Purgatory know and are fully aware of the persons who are concerned for them on earth. God also sometimes permits that one should receive a prayer, a warning, a piece of advice. . . . Thus, what I've said to you more than once concerning Saint Michael, it was on his behalf; what I said with regard to your father, it was on God's behalf. All the messages you've so often given me for the other world. I've never failed to transmit them; but all these questions are subordinate to God's will.

Are people's faults known to everyone in Purgatory, as they will be at the Last Judgment? R. . . Generally speaking, we don't know the faults of others in Purgatory, except, that is, when God permits it, with regard to certain souls, for His own designs; but it's only with a small number of souls that He acts in this way.

Have you a more perfect knowledge of God than we have? - R. . . Oh! what a question! But of course, we know Him much better and love Him much more! Alas! its precisely that that is the cause of our greatest torment here. People fabricate their own idea of Him, according to their limited fields of vision; but as for us, the moment we leave the mud that envelops us, the moment, that is, that nothing any longer shackles our soul's liberty, ah! then alone has our knowledge of God begun - the knowledge of His goodness, His mercies, His love! After this so dazzlingly clear vision, this so deep craving for union, the soul tends continually towards Him, because He is its life, and it is continually repulsed, because it isn't sufficiently pure; in this consists our suffering: it is of all, the hardest, the most bitter. Oh! if only it were given us to return to the world, now that we know God, what a life would we live! But these are useless regrets . . . and yet, on earth, these things are not thought of, people live blindly. Eternity counts for nothing. The earth, which is but a passage and which receives nothing more than the body which, in its turn, becomes earth itself, is the sole object towards which nearly every desire is directed; as for Heaven, it is not even thought of! And Jesus and His love are forgotten!

In Purgatory, do souls console one another mutually in the love of God or is each one utterly isolated in its suffering? - R. . . In the Purgatory, our sole consolation, our sole hope is God alone. On earth, God permits that we should at times be able to receive consolation from a friendly heart in our bodily and spiritual troubles; and even then, if the love of Jesus is not to be found in the heart in question, the consolations are vain, but here our souls are lost, drowned in the Divine Will, and God alone is able to ease their pain. Every soul is tortured, each according to its degree of culpability, but they all have one common pain which is greater than all the others: the absence of Jesus who is our element, our life, our everything. And we're separated from Him through our own fault!

--

After an action, you shouldn't spend your time going back over what you've done, to see whether you've acted well or not! Yes, of course, you must examine your actions daily in order to carry them out more perfectly, but this must not be at the price of your tranquility of soul. God loves simple souls. You must therefore go to Him with great good will, always ready to sacrifice yourself and do what is pleasing to Him. You should behave with Jesus as does the little child with its mother, trusting in His goodness, placing all your spiritual and corporal interests in His Divine Hands; and then, seek to please Him in everything, without bothering yourself with anything else.

God doesn't regard so much great actions, heroic deeds, as the simple act, the little sacrifice, on condition that these things be done out of love. Yes, sometimes a small sacrifice known to none but God and the soul will be more meritorious than a great one already applauded. Great interiority is needed if we are to keep nothing for ourselves from the praises give us.

God seeks souls that are empty of self to fill them with His love. He finds precious few. Self-love leaves no room whatsoever for Jesus. Don't let pass a single opportunity to mortify yourself, inwardly above all. Jesus has graces prepared for you in Lent; prepare yourself for them by a doubling up of fervour and above all of love. Yes, love for Jesus above all. Alas! He is so little loved throughout the world and so greatly outraged!

Our Lady loves you greatly; love her, for your part, with all your heart and procure her glory as much as it is in your power to do so.

You'll never understand adequately the good God's goodness. If a person but troubled to think on it from time to time, it would be sufficient for the making of a Saint, but the merciful goodness of Jesus' Heart is not enough known in the world. Each one measures it according to its own way of seeing things, and this way is defectious. The result is that people pray poorly. Yes, few people pray as Jesus would have them pray. Confidence is lacking and yet Jesus only answers our prayers according to the ardour of our desires and the measure of our love. This is the reason why the graces we solicit often remain without effect.

To be happy in religion, you need to be deaf, blind and dumb, that's to say, you must hear many things that could be retold, but it is often better to keep them to yourself. You're never sorry to have kept quiet. You are likewise obliged to see and hear, as if you had not seen or understood a thing. Oh! if you could but realize how paltry in fact are these trifles of which people make such a fuss! The devil makes use of these little straws in order to halt a soul and hinder all the good that it is called to do. Don't let yourself be caught in his game. Have a heart that thinks big and pass over these small miseries, without giving them attention. Jesus must have enough attractions for you, without your pausing before anything whatsoever outside Him. Regard everything as coming from His goodness: whether he afflicts or consoles, it's His love that arranges everything for the good of His friends.

Never grow discouraged, whatever happens to you. If Jesus wanted to, He could make you reach the summit of the perfection to which He is calling you within a few hours, within the twinkling of an eye; but far from it! He prefers to see your efforts and wants you to know and see for yourself how hard and rough the road of perfection is. Be really generous. Jesus has given you and will again give you more graces than to many others; but in return, He hopes to find in you a soul of sacrifice, one utterly devoted. What He wants of you above all is great love, and when once you have thus fought against yourself, against your tendencies, and have acted with a great spirit of faith, then, yes then! faith will give place to reality; but beforehand, you must act as though Jesus were at all times present to you and let this be almost natural to you, all supernatural though it be.

Preachers and directors do good to souls only in proportion to their union with Jesus, that is, to their spirit of prayer and to their vigilance in keeping their interior calm, in holding the eyes of their soul open and ever fixed on Jesus, ready to do anything, to sacrifice anything for the salvation of those committed to their care.

The promises made for those who recite Saint Michael's rosary, are they true? - R... The promises are real; only it mustn't be thought that those who recite it through routine and without bothering the slightest about their perfection are drawn immediately out of Purgatory. Such an idea would be false. Saint Michael does even more than he promises to do, but as for those who are condemned to a long Purgatory, he doesn't draw them out quite so quickly. There's no doubt that in remembrance of their devotion to the holy Archangel their pains are shortened; but as for full deliverance, no! I who used to maintain this can serve you for an example. Immediate delivery takes place only in the case of those who have worked with courage at their perfection and who have but little to expiate in Purgatory.

– –

France is to be heavily blamed, and, sad to say, she is not alone. At the present moment, there isn't one single Christian kingdom that isn't striving openly or secretly to drive God out of its heart. It's all the secret societies, and the devil their head, who are setting off all this agitation and brewing every conspiracy. Now is the hour of the Prince of Darkness, but let them all do their utmost, as long as they last: God will show them that He is the Master, not they. It may not be with gentleness that He will let them feel His power, but in His very punishing, Jesus is merciful.

We're aware in Purgatory, through God's permission, of what's going on at present on earth, so that we may pray for these great necessities; but our prayer alone is not enough. Could Jesus find a few souls of good will ready and willing to make reparation, to curb His Majesty, His outraged Divine Goodness, they would give pleasure to His Heart, offended as it is by all this bitterness, and they might bend His Mercy which asks nothing more than to be able to forgive the one who humbles himself. Tell this to Mother Superior.

Saint Michael will intervene in the Church's personal battle. He is the head of this Church now persecuted, though not so soon annihilated, as these evil-doers think. He too is France's special Protector and will help her to take once more its position as elder Daughter of the Church, because, in spite of all the offences being committed in France, there is nonetheless a lot of good left, there are truly devoted souls still to be found in her. When is Saint Michael to intervene? I have no idea! What we must do is pray hard for these intentions, invoke the Archangel, recalling his titles before him, and beg him to intercede with the One over whose Heart he has so much influence. Our Lady shouldn't be forgotten: France is among all nations her privileged Kingdom; she will save her. It is good to see people everywhere asking for rosaries of all shapes and sizes: this prayer is the most efficacious one to be had in these present necessities.

The heroic vow is a thing most pleasing to God and of great help to the souls in Purgatory, most profitable too for the generous souls who see well to make it. Besides, in thus giving up a share of their merits, far from losing, they do but gain more.

As for plenary indulgences, I can tell you that few, very few gain them completely. Such a great disposition of heart and will is required that it is rarer than one thinks, that all the necessary dispositions be present for this entire remission of faults.

In Purgatory, we receive the indulgences applied to us only as we receive prayers* by mode of suffrage and as God deems fit according to our dispositions. It's true that we have no attachment to sin, but we are no longer under the reign of Mercy, but of Divine Justice; so we only receive what the good Lord wills to see applied to us. When the soul is near the term of its desires - Heaven - it can be delivered and admitted to eternal joys through the efficacity of a plenary indulgence well gained or even half gained for its intention; but for the other souls, this is not so. They have, during their life, frequently spurned or at least made little of indulgences and God, ever just, renders them according to their works. They can gain something in accordance with Divine Will, but rarely the indulgence in its entirety.

MAY 1880. - Work without flagging, and with all the energy you've got, at your perfection. You have, when you want, sufficient firmness of character to overcome all the difficulties opposing your union with Jesus, until you be where He wants you. Your life will be a perpetual martyrdom. It costs to renounce oneself at every moment; it's a ceaseless martyrdom; but, in this martyrdom, there are nevertheless tastes of the sweetest joys. The soul suffers, but the One for whom it suffers grants it with each sacrifice, each act of renunciation, a grace which encourages to keep going further, to give everything. Nothing pleases Jesus more than to see a soul do her utmost, despite all the obstacles standing in her way, to devote herself with ever increasing zeal for His glory and His love.

You're afflicted to see that God is insulted in Paris, but those people don't know what they're doing and, despite their blasphemies, Jesus is more offended by the sins committed by the souls who are devoted to Him or who should be so, than by the bleeding injuries of those who are not His friends.

11*.   French: par manière de suffrage.

How many souls Jesus calls to a high perfection, who remain in a miserable state for not having corresponded with divine graces! One can't be happy in God's service without making a real effort, without practising self-correction and without asking a lot of oneself every day!

How little interior spirit there is in the world! . . . Even in Communities! . . . People are too much in quest of their own ease, they won't be interfered with in anything whatsoever, and yet God would be so happy (if one can use that expression) could people but love Him, and that without constraint, spontaneously. Were He able to find this contentment in the Community, what graces He would shower upon it! You, for your part, work for all you're worth at your self-conquest, at loving Jesus as He has been waiting to be loved by you for so long!

– –

AUGUST 1880. - So many useless acts, so many entire days of no value whatsoever, without love for Jesus, without purity of intention; and the whole lot wasted, since it won't count for Heaven!

PSALM 63.* - This is the psalm that can be applied to the time that is taking place.

You're not directing your intention as God would have you do. Thus, instead of vaguely offering your actions, you could do so with greater fruit, by having your intentions more clearly specified. For example, when you take your meals, say: "My Jesus, feed my soul with Your holy grace, as I am now feeding my body" and likewise for each of your good actions. Acquire the habit of talking to Jesus in your heart at all times; let Him be the motivating force of all you do or say . . . You understand me?

You should never make excuses. What difference does it make if people think you guilty when you're not? And should it be that you recognize a fault on your part, humble yourself and don't say a word. Don't even make excuses in thought.

SEPTEMBER 2nd. - *Retreat.* - You told your Father this morning that it went quite against the grain to hear me, that you had much rather be like everyone else. In the course of the year, you said the same thing to him

12*   64 in the Hebrew.

in writing. You've said it often to your Mother Superior. Why be so worried? Is it not the good Lord who permits everything? You're nothing in the matter. Put these graces to good use and don't complain again. You haven't yet heard all you have to hear and you haven't seen all you're yet to see. Tell this to your Father. And tell him at the same time that I'm not the Devil. He doesn't think I am either. It's you who are continually beset with these fears. Calm down and make good use of the Retreat. From this moment on you must change. No more reflections, no more returns on yourself. It's self-love and nothing more. Open rather your heart to Grace, attach yourself to Jesus and don't spend any more of your valuable time examining why this, why that? God has great graces destined for you, as for the one He is sending you in His goodness in order to tell you what he wants of you. Adore His designs without seeking to fathom them. Your Father will say many things for you in his sermons, without even being aware of it. Jesus will permit it thus; with sincere gratitude take profit from this holy retreat - a decisive one for you.

Only the actions done with great love, beneath God's regard for the accomplishment of His Holy Will, will have in Heaven their immediate reward, without passing through Purgatory. What blindness on this matter in the world!

– –

NOVEMBER. - Now the retreat is ended for everyone, but for you it mustn't come to an end. Continue it throughout the year and at all times within your heart; even in the middle of your heaviest occupations, always have your little returning-place in which you can recollect yourself in a heart-to-heart with Jesus, and there, never let Him out of your sight. Last year, you were too distracted; henceforth, it must no longer be thus. You promised God, you promised your Father, that you were going to start a new life; you must keep to your word whatever the price. It's going to be costly to you, but, later on, will it cost you any less dearly? No! Alas! Everything passes so quickly and we pass with them, without perceiving it! Jesus has been pursuing you for so long. You're not going to refuse Him, after all the graces He gives you, the complete abandonment of yourself in His adorable hands. Did you but let Him act, how soon you would be a Saint and it's a great Saint that He wishes you. Hasn't your Father said to you yet again these last days, in His name, that there was no middle way for you. How many people had already said this to you, and you were indifferent to these things that ought to be sacred to you. I have the impression, this time, that you have paid greater attention and have been struck by this word once more repeated. Reflect upon it frequently, it's serious. Jesus, as I've said to you, is waiting for nothing more from you than a little effort and He'll do the rest. Be thoroughly generous. What wouldn't you obtain from God, if you were as He wishes to see you. What an intimate union He desires to contract with your soul! what joys He wills to grant it! Did you but know! Oh! how Jesus is good to you! Turn over often in your heart the choice graces He has given to you.

Mother Superior told you that it was for you above all that she had asked for your Father, once again, this year; you didn't give her much credence, yet nevertheless it's true; in doing so she followed God's inspiration, whose will it was that you should get to know him better and that he likewise should know you better. Profit from this new grace, which won't be the last; put into practice everything he said to you; you are quite free with him; always open up your soul really and truly to him; let him be able to read into it as into a book. If only he knew you as I know you! It's not at the first approach that you are sensed out; it takes a little time. All the thoughts you had yesterday on this matter are diabolical thoughts. The Devil is out to stop anything being done; but it will be done nevertheless, because you're not going to listen to him any more. Guard most preciously the great graces of the retreat; don't let them ever leave you. Don't be afraid of sacrificing yourself from morning to night to do God's Will. He will pay you back with generosity.

Why did I feel such a strong commotion when I heard the first words that Rev. Father said? It was already a beginning of the grace that you were to have during this retreat. There is between souls a certain attraction of which one is not fully conscious on earth. God has made your Father's soul and yours for each other: whence that involuntary impression that you felt on hearing him and that you may feel again in the future. Pray a lot for the Father that Jesus gives you so as to help you raise your soul to Him. He is in

50

need of graces, so as never to lose courage, stronger, greater ones than those needed by many another. He often has days that are very laborious, very taxing on nature. His life is tough and painful. You must help him by your prayers. Up till now you have done so, but as yet it is not enough. You must offer for his intention your work, a certain number of your interior sufferings, a few sacrifices; in a word, unite him to what you do, and unite yourself likewise to what he does. Jesus has great designs over him, as over you; that's why He has permitted that you should address yourself to him and be free to open your soul to him. Regard him as your father; love him, be subject to him as a true child and God will be satisfied. Don't be upset if I tell you all these things, because you did them all already, near enough; I was obliged to tell you them and you too must tell them to Rev. Father. Do you hear?

The retreat was really pleasing to God and very profitable to souls. Jesus beholds with pleasure religious souls orientating themselves once more towards Him, seeking Him as their sole end. It's for this that He had called them to His service, but how easy it is on earth to forget even what is most sacred of all! A good retreat helps souls to find once more their first vigour: this has been the effect of the one you've just had. It has consoled Jesus' most gentle Heart.

What are the few moments we have to spend on earth compared with the endless joys of eternity? At death, you'll never find that you've done too much! Be really generous, don't listen to yourself. Keep always in sight the good to which Jesus is calling you: sanctity, pure love ... and then go on and on without ever looking back!

Crosses, big crosses, the crosses that crack the heart are the part of God's friends. So you were complaining these last days to Jesus that He had sent you plenty of sufferings this year? True, He did, but why do you find these crosses so heavy? It's because you haven't enough love! Oh! you haven't yet seen the end of the crosses. What you've had hitherto is but the prelude to what is waiting for you. Didn't I tell you that you will have to suffer continuously in body and in mind and often in both together? No holiness without suffering! But when once you will have let Grace act freely within you, when Jesus is in possession of your will and you have let Him become absolute Master, the crosses, however heavy they may be, will no longer weigh at all. Love will absorb everything. Until that happens, you will suffer and suffer a lot, because it's not in a moment that the soul succeeds in thus working itself free from everything to act thenceforth out of nothing but pure love. He looks with pleasure at your efforts. Oh! if only He were better known on earth. No, He's forgotten! You, at least, love Him! Console Him! Let your efforts go on increasing, ever increasing, so as to give Him pleasure. Work without faltering in order to reach quickly the state in which He wishes to see you!

– –

SEPTEMBER 16th. - You're a little more satisfied with yourself these days and so is Jesus, because you're making an effort over yourself, to be pleasing to Him and to unite yourself more closely to Him. But don't imagine that you're already there; it's but a small beginning of the union He wants to have with your soul. Oh! how little do people understand on earth. What self-liberation Jesus demands of a soul that He wants all for Himself! Do you not agree? They think they love, they reckon that sanctity is well-nigh attained because they sense within themselves, or so it seems, a little more sensible love than usual, but all these natural sensibilities are nothing at all. What is needed is a raising of the soul, a process of self-liberation from all that surrounds it and above all from itself, from its self-love, its passions, so as to reach Divine union, and Jesus knows how much it costs nature before that point is reached! More than one sacrifice has to be made, the heart has to be broken so as to release all human love; it's hard! How few souls there are who understand these things! You who have some understanding of them by a great mercy on Jesus' part, you whom He loves so much, enter courageously into this way of abnegation and death to self. Examine often all the tenderness He has displayed towards you, how far He has gone in order to seek you out, how He has evened out all the difficulties which have been met with on your path. He has done more for you than for anyone! Every day, He fills you to the brim with His choicest graces. Look how yet again He has been acting towards you these last days; but He expects great generosity from you in return, more than from many others that He has not thus favoured and from whom He does not demand such a high degree of perfection. He wants moreover a dedication that can stand any test, and more than anything else, much love. Your soul, your heart must be lost in Him, and you must reach the point whereby you act for nothing else but His good pleasure. You must hover above the earth and above everything that surrounds you so as to immerse yourself completely in His Holy Will. What must be attained is the capacity of never losing Him from sight, not even for one minute. Don't imagine that in so doing you will be so taken up as to be unable to fulfil your obligations! No, you'll see bit by bit that it's just the contrary and that the soul that is the most closely united to Jesus will be also the most exact in all its duties; but the One she loves acts on her behalf; He is no longer so to speak but one with her. Consider whether or not she is well-directed and aided in what she has to do! How much good an interior soul can do around about her; it's only such a soul that can do any; everything done otherwise is useless. The soul that is united to Jesus has a right over His Heart, she is mistress over it, He refuses her nothing. I have many things to tell you on that subject, but you wouldn't understand me. We must await the moment willed by God. If such is your will, it will not be long in coming. Jesus has a great desire to unite Himself entirely to you, more than you can understand at present. Be very vigilant over yourself; it's so sweet to love Jesus; it's so pleasant to pass immediately, without any transition, from intimate union on earth to the even more intimate union of Heaven. Reflect on everything I tell you. One single action of yours offered for my relieving, with purity of intention, when you are really united to Jesus, brings me more ease than several vocal prayers. The sooner you reach perfection, the sooner will come my deliverance.

– –

SEPTEMBER 29th. - Yes, I knew about all your Father's troubles; that's why, when you asked me whether he had got over his fatigue at all, I answered "No" and nothing more, because I didn't want to upset you. You would have been worried and bothered, had you known all the suffering he is in, and since you are bearing him in mind before God, even more than you do habitually, no doubt through a special inspiration, I thought it would be better that he told you himself all the heartbreaks he has undergone. Jesus will take them into consideration; the souls he misses so much are at present in Purgatory, but not for long, especially the priest that God wanted to reward and the two young men He wanted to preserve by withdrawing them from this world where even the best can become rotten. Tell him to take consolation in the thought that Jesus loves him greatly and keeps a very special place for him, in preference to many others, in His Heart. It is there that he must go in spirit to find rest and new strength and vigour for his soul in order to carry out what he has undertaken for his Divine Master.

OCTOBER 2nd. - Say several times a day: "My God, bring your designs to completion in me and grant me never to place any obstacle in their way through my behavior. My Jesus, I will what You will, because You will it, as You will it and as much as You will it!"

SUNDAY, OCTOBER 3rd. - If only it were given you to understand how Jesus is treated with indifference and disdain upon earth, not only by ordinary people; how He is insulted, mocked, turned to derision, even by those who ought to love Him! Thus it is that indifference is to be found in Communities, amongst Monks and Nuns, His chosen people; in the very place in which He should be treated as a Friend, a Father, a Spouse, He is much rather considered as a stranger. It is likewise to be found, this indifference, among the clergy. At present, more than ever before, Jesus is treated on equal terms. Those who ought to tremble at the thought of the august mission with which they have been charged, more often than not go through it with coldness, yes, boredom! How many possess the spirit of interiority? They are few and far between. Here, in Purgatory, the priests expiating their indifferences and their loveless life are numerous. Their culpable negligences must be expiated by fire and tortures of all sorts. Judge from this how many the good Lord, who is so good, so loving towards His creatures, finds who love Him and console Him. Alas! How few they are! This is the great suffering of Jesus' Heart: ingratitude among His own; and yet His Sacred Heart is utterly filled and flowing over with love and all He seeks is the possibility of pouring it out. He would like to be able to find a few souls dead to themselves; Jesus would pour His love into them in waves, more than He has ever done to anyone hitherto. Oh! how little understood is Jesus, His mercy, His love, upon earth! Men seek to know, to deepen their knowledge about everything, except the one thing that constitutes true happiness. How sad it all is!

Discontent, whether exterior or interior, should never find a place in you. Do all that is in you to do to avoid every kind of contrariety. If, in spite of that, it happens that, from awkwardness or from malice, I suppose, someone doesn't do as he should, well, just keep calm! Once the fault has been committed, what use is there in getting het up over it, seeing that it is too late to do anything about it. It would almost be two faults in place of one.

OCTOBER 14th. - During my thanksgiving.

The smallest infidelity on your part, the smallest disregard, the slightest indifference towards Jesus, is felt most poignantly by Him and hurts His so kind and loving Heart more than an injury on the part of an enemy. So keep a very careful watch over yourself; don't let anything go unchecked. Let Jesus be able to come and rest with pleasure in your heart, so that you may make up to Him for all the bitterness with which His thirst is quenched in the world. Behave with Him as with the best of fathers, with the most devoted of husbands. Console Him, repair by your love, your acts of tenderness, the injuries He receives every day. You should take to you the interests of His glory with a great heart. Forget yourself before Him and rest assured that in acting thus your own interests become His own and that He'll do more for you than if you concerned yourself with them yourself.

OCTOBER 16th. - A person can work away as hard as he likes with the souls committed to him, correcting them, striving to give them a little more piety, he'll only succeed in the measure of his interiority. It's only the overflow of his piety that he'll pour into their hearts; otherwise, if he isn't what he should be, if he isn't united to Jesus, his words will hit the ears, but won't go as far as the heart, his efforts will not be blessed. How do you see whether it's worth being united to Jesus. . . It pays well, doesn't it? . . . And in this alone is true happiness on earth.

– –

NOVEMBER 1880. - When you have to take to task a person who has done small thing, or even some big thing, amiss, do it with great gentleness, firmly at times, when the fault demands it, but in few words and let it never be out of passion, because the reprimand thus made does harm to the soul of the one who makes it and to the soul of the one who receives it. Avoid especially when correcting a child, for example, reproaching it its past faults. It's quite a common practice and is displeasing to God. Those who act thus commit a fault. Who ever told them that what they reproach them has not been forgiven? Why come back on it? God Himself has not given them this example. We should humble ourselves continually for our own faults and ceaselessly go over them before Our Lord, in the bitterness of our heart, but never should we come back on another person's past. A Christian soul, and, *a fortiori*, a religious soul, if she wants to be pleasing to the Lord, will act towards her neighbour as she desires that Jesus should act towards herself. Keep this engraved in your memory and, when the occasion presents itself, put it into practice, faithfully.

Never let yourself be absorbed either by your duties or by the events and worries of life, to the extent that your soul loses in the process that liberty which would hinder it from uniting itself at every moment to Jesus, and from being able to discern and fulfil at all times His Holy Will. If you are in some trouble, accept it with resignation because it is permitted by Jesus who, from the evil He allows to happen, knows how to draw the greatest good. Just go to the foot of the tabernacle and there, confide to your Jesus what is weighing on your heart, what seems to you at times a bit heavy to bear: His Heart will make everything lighter. If, on the other hand, you have some joy, especially that joy that at rare intervals is tasted in the service of God, receive it with humility and gratitude, and reflect that the world is not the abode of rest, but a place of exile, of labour and of suffering of every kind.

Watch everything pass by peacefully around you. Let nothing halt you. Your sole contentment, your sole rest must be found in Jesus alone; you must act for Him alone and let His love give you courage; never will you be able to do too much for such a wonderful God! The more you work youself free from all that is round about you, the more will Jesus fill you with His choice graces, with His divine caresses. You will frequently feel a great indifference for the things which, in bygone days, would have found you sensitive; it's but another mercy on the part of Him who loves you and desires to see you in that complete detachment which He expects from the souls whom He wants for Himself alone. Jesus permits that these privileged souls experience a sort of boredom with regard to all that is not Him. He makes them find everything that doesn't concern Him directly irksome, because He wills thereby to bring them to empty their hearts of all the human that still remains in them, for Him to be able to fill them with His graces and make His love overflow in them.

– –

NOVEMBER. - On communion days when there's a first Mass you could breakfast back to just eight o'clock. You don't need more than three minutes. I tell you that because God would have you prolong your thanksgiving as long as possible. By doing this, you'll have an extra quarter of an hour. The first quarter of an hour will be for you as usual. What a lot of things you have to say to Jesus, am I right? The second quarter will be for Him. You could again continue even during the Little Hours and a large part of Holy Mass. Ask Mother Superior for his permission. Look at all these graces! By a special favour on Jesus' part, the sacred Species remain within you for a long time after Holy Communion; so profit gratefully from these happy moments during which, heart-to-heart with the One the Heavens can't contain, you can obtain anything. What love on the part of God for His poor creature, that He lowers Himself to the extent of conversing with her, as friend with friend! Then it is that you should adore, thank, implore and above all make reparation for all the injuries that Jesus receives throughout the world in these sad times! Our blessed Jesus is so offended! Oh! love Him dearly! You know He loves you: you have more than one proof of it!

It isn't possible for us to understand, while yet on earth, what God requires of a soul that is expiating its faults in Purgatory. So you believe, do you, that a large number of prayers, all, what is more, well-recited, will put a soul almost immediately in possession of internal bliss? Such is not the case. Who can fathom God's judgements? Who can comprehend the purity that He requires of a soul before He admits it to the participation of His eternal happiness? Alas, if people only reflected on these things while yet on earth, what a life they would lead! Examine seriously how many venial sins a negligent person, one who is little concerned for his salvation and is well glued to the earth, commits in one day . . . How many minutes does he give to God? Does he as much as think of Him with reflection? Think hard! Contemplate 365 days of this kind in one year . . . and, if a large number of years follow the same pattern, this person dies with a soul loaded with a multitude of venial sins which haven't been effaced, because the thought never came to him. Only just is there left in the soul thus overriden one tiny flicker of love when it comes to give an account of its life to the One who requires it back again. You have before you all these almost worthless lives which have to be lived all over again in expiation, lives devoid of love of God, of purity of intention. The soul, which must live on God, has not lived for Him; it has therefore to start its life again and that with unheard-of sufferings! It didn't take advantage of Divine Mercy upon earth. It was a slave to its body; once in the place of purifying, it has to satisfy right down to the last mite, and find once more its first splendour; this for those souls which are indifferent with regard to their salvation, but for the souls which are yet more guilty still, it's another matter. Love God so such an extent that you will not be obliged to come here to acquire His love by means of meritless suffering. Sufferings on earth, things that hurt and bother, are meritorious, don't waste them: above all else, have love! Love effaces many faults and also makes them be avoided because a person doesn't want to hurt the One he loves; that's why the soul that loves Jesus in truth keeps herself ceaselessly on her guard and avoids all that might wound His divine regards.

Many souls in Purgatory count on you to draw them from the place of their sufferings. Pray with all your heart for them.

— —

1881. - Sufferings of body and heart are the share of Jesus' friends during their earthly sojourn. The more Jesus loves a soul, the more generous a part He gives her in the pains He endured for our love. Happy the soul who is thus privileged! What merits she can acquire! It's the shortest road by which to reach to Heaven. So don't be afraid of suffering; on the contrary, cherish it, because it brings you closer to the One you love. Didn't I say to you one day that love will turn into sweetness what as yet seems really bitter, because you don't love enough? Love is the infallible means by which to reach a more intimate union with Jesus - I mean, love coupled with suffering. You've hitherto had a good portion of crosses, nonetheless you don't as yet love them as Jesus would have you do. Did you but know how good suffering is for the soul! These are the sweetest caresses that the Divine Spouse can give to the one He wants to unite intimately to Himself. He sends this soul, this privileged soul, sufferings upon sufferings, troubles upon troubles, so as to detach her from all that surrounds her. Then, He can speak to her heart. What takes place during these divine conversations? You'll find out, if you really want to. Jesus is holding suspended over your head graces and He will shower over you in torrents, once He sees you prepared, as He understands that term, and capable of receiving them.

Jesus wants you to act purely for Him, to assign all your actions to His glory, to take Him as confidante of all your joys and pains, to do nothing, no matter how small, without asking His advice and enlightenment, to want Him alone as reward of all you do. You've already taken this engagement upon yourself, some years ago! You said to Him at that time, "My Jesus, let me never have any thanks upon earth for the little bit of good I do there. You alone are enough for me!" What is your opinion on this request? Has it been fully brought about? Jesus doesn't allow Himself to be outdone in generosity, you'll see. Consider, moreover, that it's not so much your prayers that will place me in possession of the eternal abode as your perfect actions, your intimate union with Jesus. Be convinced that He had great designs over your soul in sending me to you in this way; could I but tell you what I know on this matter! . . . How great is Jesus' love for you! What signs of tenderness, what deference He has shown you. Amazing how your reactions of indifference don't turn Him away! At times, how you are cold, inconsiderate towards a God so kind as this! Ask pardon for all these faults and behave towards Him as a child behaves the best of fathers. Don't be afraid to importune Him. I like to see confidence in your heart. Strive to please Him from the moment you wake up to the end of the day, without ever paying heed to the movements of your nature.

APRIL 1881. - If you are not advancing faster in perfection, it's because your will is not closely enough united to God's. You're too much in search of your own self! At times, you're afraid of yourself. Jesus waits the end of these delays with patience! . . . Who's the loser in this? You! And yet did you but know what graces Jesus is keeping in store for you, how He desires to unite Himself to you, you would surrender it, this rebellious will of yours, which today says "Yes" and tomorrow "No", to Him who asks it of you with such gentleness and, above all, with so much love!

Jesus will not leave you in peace until you have reached the perfection in which He wishes to see you. Turn in any direction you want; until your will no longer forms but one with His, as long as there remains a little turning back over yourself, as long as all your actions are not carried out beneath His divine regard, for His good pleasure, you'll not have peace, or interior calm!

— —

SEPTEMBER 1882. - Jesus has done a lot for you and He will do yet more in the time to come, but you for your part must correspond with His graces and be thoroughly generous. The souls that reach the perfection that Jesus is asking of them are mistress of His Heart; He refuses them nothing. Once you have reached that point, Jesus and you will no longer make but one. It will be the same feelings, the same thoughts, the same desires. So be good, hasten to become a great Saint so as to win much glory for your sole Friend who awaits this moment in order to pour His graces over you in torrents.

You're not as yet making enough effort to watch over your interior and conserve your Jesus' Divine Presence. Make an attempt, put yourself out; help will not be lacking. All Jesus is waiting for is a little good will; He'll do the rest. Say to yourself every day: since Jesus began granting me so many special graces, what have I become? What should I have become? What would I have become had I always corresponded properly with them? These reflections meditated upon for a few minutes will do good to your soul. Reflect seriously on this matter; it's God's will, what I've just told you. He also wants you to work seriously at your perfection, because on it depends that of many others.

Jesus has such a love for you that He wants to heap His choicest graces on you. special favours that He normally only gives to His intimate friends. Hasten by your prayers and sacrifices the happy moment that will see the Divine Union that Jesus wills to contract with your soul. Acknowledge before this Divine Friend the extent of your indigence, the depth of your miseries and give Him free reign. It is characteristic of His love to enrich the most miserable. His bounty is thus made all the more dazzling.

Oh! love Jesus a lot. Attach yourself to Him more strongly than anything that can be imagined. Cling to Him by all the powers of your heart: henceforth let it be such that you live solely for His holy love!

For the love of Jesus, love everyone round about you and everyone with whom you come in contact. Don't be afraid of giving yourself up for them in signs of friendship, in prayers, in self-denial, in consideration of every kind. The more a soul loves Jesus, the more she loves her equals.

OCTOBER 30th. - You're still complaining because, as you say, you just want to be like everyone else, but you haven't yet seen the last of me! You're going to have to listen to me just as long as God deems it fit. Turn in any direction you want, I have yet a good many things to tell you and learn them you will. Maybe you'll become more reasonable on this score?

DECEMBER 25th. - Don't get upset because I'm not yet in Heaven. It's true that I said to you, "I'll get there the day you reach the perfection to which Jesus is calling you, not before." Nonetheless, don't think you're going to reach overnight this high perfection to which Jesus is calling you. There are many degrees to perfection and it's not the first that is required of you. You know that Jesus loves you even though you're a long way from the state in which He wills to see your soul. He knows, this dear Friend of yours, that it would need a miracle in order to reach that perfect state which He demands of certain souls, and this miracle He will not perform. This path, so arduous at times for nature, has to be climbed step by step. To attain the goal that Jesus demands of you, you must reach the point whereby you are utterly dead to yourself, that you no longer have any will, any self-love left in you. You haven't yet reached that point. Thus, when someone accuses you wrongly, when someone supposes that you have intentions that you haven't got (you know full well to what I'm referring), these things - do you get the message? - must not trouble you. It's God who allows all that, so as to give you the opportunity of renouncing yourself and attaching yourself to nothing else but Him. He wants you to reach the point whereby nothing disturbs the interior calm within you: sorrows, joys, upsets, the lot - all must pass by indifferently. He alone - is it sinking in? - wants to absorb all the powers of your soul, satiate all its desires, fully satisfy your heart and be to you all in all; and believe me, it's not the work of one day.

No, you're not too soft! It's better to yield in some cases than to win. Let me give you a method by which to act as Jesus wants you to. Before taking someone to task, before addressing a reprimand that a pupil or any other person has deserved, recollect yourself a second; then put yourself in the place of the person you're about to address and act towards her as you would like a person to act with respect to you on such an occasion. Thus will Jesus be satisfied.

1883. - Another year gone into eternity! Thus do they pass, one after another. Day succeeds day until the one that puts a term to this short life on earth and begins the long life of eternity! Make good use of every moment you have. Each one of them can win you Heaven and spare you Purgatory. Each of your actions carried out beneath the regard of Jesus will give you one more degree of glory for Heaven and, at the same time, one more degree of love for Jesus, increased in proportion. Each of these acts of a perfect life forms a chain of love, which binds the soul ever more closely to the One it loves. When the final link has been formed, Jesus then breaks the feeble moorings that still hold the soul now full of merits bound to the body with which it was united on earth. Once it has been thus set free, He unites it to Himself more closely still for all time to come in blissful eternity. Maybe you now have some idea of the beauty of a life every moment of which is for Jesus - how sweet it is, despite the passing bitterness with which it may be filled.

If a few minutes' encounter between a blest soul and Jesus can ravish it and make it forget all its past sufferings, what will the eternal union be like? Oh! if you only knew, if you were but able to understand it, how you would work unfailingly at your perfection, you to whom Jesus grants every possible means by which to reach it! Oh! if we had only five minutes of the time you waste on going back on yourself to examine whether what I tell you is true or false, what wouldn't we do for the One we desire with such ardour! It's the devil who blinds you at times and causes you to pay no attention to what I tell you. He foresees too well what would result from it. Outwit his

62

intrigues, set yourself heartily to the task, sanctify yourself, and let this year be the starting-point of this perfect life that Jesus is waiting to see in you, and for so long!

At the beginning of this year, take as a practice that of not uttering a single useless word. Don't express your outlook on anything unless someone forces you to; even for useful things, talk little . . . In the same way, never raise your eyes out of curiosity. Let Jesus every morning have your first glance, your first thought, your first word, and let it be a word of gratitude and love! At the foot of the tabernacle, place your heart in His for the day, the whole day, and let your conversations be with Him till evening falls. At the end of day, deplore once again your failings at His feet, thank Him for His graces . . you know what I've told you on this matter.

Be very faithful to these practices. Jesus wants great purity of intention of you, limitless love. Don't let yourself off in anything. The more a soul sacrifices herself, the happier she is. Love is paid back by love, true, but love is also paid back by gratitude, renunciation and self-giving. So sacrifice yourself and give yourself beyond return.

Suffering always precedes love . . . There is a degree of love that only those who have suffered much and suffered well will attain. I'm speaking above all of the sufferings of the heart.

The greatest suffering that a soul who loves Jesus in truth can undergo is not to be able to love Him to the extent of her desires. Oh! how Jesus loves you, in spite of your miseries and coldness! You see, by His graces, He is drawing you after Him in pure goodness; through sufferings, through trials, He is detaching you, and through love He desires to unite you to Him so inwardly that you become, as it were, another Jesus.

Mother O . . . is in the depths of Purgatory. Religious souls, priests and people who have been inundated with graces have a terrible Purgatory, because they have abused the means the good Lord had placed at their disposal.

– –

MAY - *Retreat* 1883. - God has many ways of reaching His objectives, when He wants something special of a soul.

What God keeps is well-kept. He lets it out into the open when He deems fit. It's for you above all that the good Jesus, from all eternity, had the intention of preparing and sanctifying the person I'm speaking of. You'll sanctify one another, the one by the other.

God loves you, you love Him. Your union must be squeezed even tighter in this Retreat, your love must grow, your will must be at one with Jesus, His interests must be your own!

Why worry your head to such a point with regard to your Father? What God has done is good. Is it not He that has prepared him for your and is giving him to you? Why should He take him away from you? God's plans are impenetrable. When He wants a soul all for Himself, what doesn't He do to unite it to Him? How many unknown means He has within His power! So have an utter trust in your Jesus. Don't lose confidence in His goodness. The better you are, the more you will seek to be pleasing to Him in everything, and the more will He be generous towards you.

This Retreat must be the beginning of the great perfection to which Jesus has been calling you for so long.

Jesus is expecting a lot from you in this Retreat. He has given you yet another highly precious grace . . . What more do you need? In return give yourself entirely to Him: let Him be Master of your soul. Keep careful watch over your interior. Be in continuous heart-to-heart converse with Jesus. Let no word, no thought, no desire emanate from you unless in accordance with His adorable Will. If you only knew what union Jesus wills to contract with your soul, how you would stop hindering His designs, how you would cease to kick against the pricks as you are doing! Will the lesson sink home, once and for all? This great perfection frightens you; you're afraid of illusion. But with Jesus what need you be afraid of? He is your Father, your Friend, your Spouse, your All . . . Has He not the right to demand what He wants of a soul without telling it why? He is the great Master, He is Lord of all; why wish, with your limited vistas, to examine His doings? Adore His designs and obey in utter blindness. This is what He wants of you; so apply yourself heartily to working seriously at your sanctification. Redouble your love, your tenderness for Jesus. Console Him, make up to Him for all the injuries He receives in the World. Love for those who don't love, repare for those who insult Him; ask forgiveness for those who don't think of asking it. Jesus is waiting for this of you . . . Are you going to refuse it Him?

MAY 20th. - Jesus is proving to you that He loves you; but in return, He wants proof of your love. You're well aware of what He's been asking of you all this time: you must hesitate no longer. Give yourself entirely. Lose yourself in Him; never take yourself back.

On earth, we organize ourselves according to our liking, but in the other world, God organizes us according to His!

There are few true friendships on earth! People often love each other out of fancy, out of self-interest. A small wound, a word, a lack of consideration sometimes disunites friends who seemed inseparable. The reason is that God wasn't in full enough possession of their hearts, because it's only the hearts in which the love of Jesus abounds to overflowing that can give of their overflow to their friends. Every friendship which is not thus founded in God is false; it won't last.

But when Jesus possesses a heart, that heart is then able to love and do good to its friends, because in it is to be found the fount of pure, unadulterated friendship. It's a tiny trickling of Heaven. All the rest is Nature, nothing else.

Always have your sight raised higher than the earth. Never be after anyone's esteem or friendship. Jesus along is yours and He wants you likewise to be His for ever. You haven't too much of your heart, your whole heart, to give Him. Love . . . but for His sake lone.

JUNE 1883. - Are you satisfied at last? How will you believe me? I forgive you everything you've thought about me these last days. In such circumstances, it couldn't be otherwise; you haven't sinned. You see the goodness of Jesus. After giving leash to the devil who has caused you so much suffering . . . , He has at last floored him and His Holy Will has been fulfilled; He was only waiting. Oh! when God has special designs on a soul, they're not accomplished without many sufferings; you've proved it for yourself yet again, haven't you? But you've not been the only one.

Mr.* L. must never lose courage! He may have moments of fatigue, of worry, but he has the tabernacle; there, let him pour out his soul before Jesus and with great confidence plead for His lights, so as to be himself the light of the souls committed to him. Jesus loves him, and will prove it. He, in return, will never be able to do too much for such a lovable God!

JUNE 1883. - You're still happy that you've at last found a Father, aren't you? Pay careful attention to everything he tells you: you'll thus give great pleasure to God. It's yet another grace; make use of it with gratitude. What luck for a soul, when it meets another which understands it, and how rare it is upon earth!

Jesus comes across so few generous souls in this world, there are so few who love Him . . . , even among His Priests! The great Master has great expectations with regard to your Father!

Oh! how great is the Priest! What a sublime mission his is. But alas! how few there are who understand that!

AUGUST 28th, 1883. - *Saint Augustine.* - Hitherto, you have never done mental prayer as Jesus desired! You don't take sufficient notice of all His inspirations! You still lose sight too often of His Holy Presence, the result of which is that you're not advancing in perfection, as He expects you to. - So watch with care over your interior. How long have I been asking this of you on His part!

– –

Retreat. - AUGUST 29th. - It's many years now since God started pursuing you . . . For one pretext or another, you've been turning a deaf ear; but it's time, and high time, that you paid attention to all I've told you. Profit from these sacred days of Retreat and put what you've written into practice. Take a look at your position with regard to Jesus who is so gentle and patient with regard to you. Consider that He might finish by growing tired of you, seeing that you make so little case of the special graces He's granted you and is reserving for you for the future. Prove therefore to your Jesus that you love Him and give Him your whole will. Enough hesitation. Tell Him that

13*. In France, the expression M(onsieur) l'Abbé, followed by his surname, is often used. (Every priest is called "Abbot".)

He can do with you just as He pleases, only it must come from the depth of the heart. Sanctity is less hard than you're persuading yourself it is. You have more to suffer from resisting, from fighting every day against the God who is drawing you, than you'll suffer once you've given yourself without reserve and without return.

SEVEN O'CLOCK IN THE EVENING. - Get used to speaking to Our Lord as to the most devoted and most sincere of friends. Don't do or say anything without consulting Him. It's many years now since you were first told this. I too have said it to you several times; today I say it once again. God wants you to take notice and, what matters more, to put it into practice. This regard of the soul, fixed continually on Jesus, so as to catch His slightest desires, this divine language that He wants to have with you will not trouble you and won't prevent you from devoting yourself to your outward occupations. On the contrary, if the interior isn't calm, it's impossible for the exterior to be. Interior passions are always reflected in the exterior and the soul that keeps careful watch over its interior is also master of its exterior. This is what Jesus is asking of you: a life of faith and of perpetual union with Him, a humble life, hidden, known to Him alone . . . Let Him be everything to you, Jesus! Regard everything that happens to you as so many means used by Him to unite you all the more closely to Him, to carry out the designs He has over you. Don't put any obstacles in their way, be generous. You're not lacking either in energy or in willingness; so begin this life of renunciation, of sacrifice and above all of love which Jesus is absolutely determined to have from you. In it alone will you find the calm and the peace that He's been offering you now for so many years!

Let the Holy Will of God be the basis of everything you'll have to do or suffer. Jesus expects a lot from you, many sufferings in body and mind and also a lot of love. Love is impossible without suffering in nature, you know it full well: you've made your own experience of it in the past. Prepare yourself for the future. God has given you everything you need in order to feel suffering more than anyone else. It's a mercy and an added grace. Where there are great sacrifices to be made, there are more merits.

I beseech you to resist no longer the designs that the good Jesus has upon you; ask no more proofs, you've had enough already. What is more, you're inwardly fully aware that Jesus wants you all for Himself. Ponder these things at the foot of the tabernacle; see what you must do and don't totter any longer. How many graces are awaiting you, if you're willing, graces for you first of all, but also for other souls. You'll have to answer for all that one day.

Be wholly given over to your Jesus. Pay no more attention to what people may say of you; the devil provokes it so as to halt you in your march and Jesus permits it in order to detach you from all that surrounds you. Aim continuously at your goal: accomplishing all your duties, carrying out all your actions to please Jesus. That's your all; the rest is just accessory.

Be really generous; put self on one side and Jesus in the forefront. Turn this over often in your mind: if you want your actions to please Jesus, there must needs be in each one of them a small sacrifice, something that costs; without that, no merit. It isn't difficult, especially for you, to give this satisfaction to your Jesus. And so cast aside the belief that when something is very costly to you, there's no merit. It's the contrary that is true. Only let it be Jesus and you alone and know it. Ask me every evening whether God is pleased with you, and I'll tell you.

You've already had much to suffer, you still have much to suffer in time to come; but in return, how good Jesus has been and how good He's yet to be towards you in the future!

– –

May 1886. - It's true that no one merits God's graces; they are favours. But when He grants us them, they must be received with gratitude and put to good use.

For the religious soul, what is needed is an interior spirit, a life of sacrifice, purity of intention: that's its life in a nutshell.

Learn to respect the Rule and also Priests. Those who make attacks on Christ's Ministers wound Him in the apple of His eye. Woe! Thrice woe to those men and those women who behave in this way!

The most pleasing thing to God that Nun can do in order to bring relief to her deceased parents is not so much prayers as all her actions carried out with great purity of intention and in union with Our Lord.

It's the soul that He loves most dearly that Jesus crucifies most cruelly on earth, but the cross sent by God always has sweet things mingled with its bitterness. The same is not true of the crosses that come to us through our own fault: for those crosses, there is bitterness, and that alone.

NOVEMBER 1886. - All these trials! . . . God has permitted everything in order to try you all, to give you strength of soul and also to make His glory, His justice and His love triumph.

. . . What He desires . . . is the life of union with Himself, of reparation and of prayer. If you take up seriously Jesus' interests, He'll also take up yours.

CHRISTMAS 1886. - If you wish . . . , you'll soon be rid of me and myself set free . . .

FEBRUARY 1887. - When God has some special designs over somebody, when He doesn't want him to be as the common of men, He gives him a magnanimous soul, a generous heart, a healthy judgement, a good character, a sound head. When you don't come across these qualities in a person, God doesn't want anything special of him.

It's not in one go that Jesus shows a soul what He wants of her; she'd be frightened. It's bit by bit, in proportion as His grace makes her stronger, that He unveils His secrets to her and makes her share His cross.

God loves you in a special way. You're His daughter of predilection. What has happened to you was for your greater good!

Everyone must love God in a personal way, but for you there is a special obligation, one of reciprocity.

JUNE 24th. - Be closely united to Jesus. Before any action or whatever else you have to do or say, ask His advice; speak to Him heart-to-heart as to a friend continually at hand.

Jesus wants your soul, the whole of you soul, with all its faculties, all its powers; your heart, with all its tenderness, all its love. The good Jesus wants to be but one with you and everything you need in the way of graces and devotion for your neighbour, you'll be able to draw it from His Divine Heart, from that Divine Spring that never dries up. This is how His devoted Brides must act, and you above all whom He loves even more.

Jesus desires that you reciprocate what He gives you. Oh! if only I could tell you all the graces that God is reserving you, as long as you don't put up any opposition to His behavior towards you, powerful graces that will attach you inviolably to Himself, choice graces, special graces, intimate graces. He has many things to confide to you for you alone and for the common good.

When you're able to, go past the church, pay a little visit to your Jesus, and there pour out your heart before Him. Tell Him your troubles, your joys, your sufferings, in a word, everything. Talk to Him as you talk to a devoted friend, to a father, to a spouse. Tell Him all the affection you feel for Him and when you're unable to go as far as the church, talk to Him in your heart. From time to time in the course of the day, let yourself be penetrated for a few moments by His Holy Presence, recollect yourself before His Majesty, acknowledge your misery, and also His goodness and kindness, and thank Him with tender affection. You can talk through to your Jesus heart-to-heart; it's what He wants of you and what He's been waiting for for so long.

If you're faithful to everything I tell you, if you make a serious effort, if you seek to give pleasure to Jesus in everything, if you have for Him all the delicacies of a loving heart which has the eyes of the soul ever open in order to examine what can be pleasing to its Divine Spouse, then will Jesus, for His part, keep His most intimate communications for you - His divine caresses, His Love as Father and most loving Bridegroom; then too will you obtain everything you ask for. Jesus will not refuse you anything. You'll give yourself utterly and He'll give Himself utterly.

God desires that this Retreat set you in the state in which He has been wanting to see you for so long. The good Lord achieves His ends by means that are often quite unknown to us. Well then! set yourself to the task with courage. Jesus, for His part, is going to grant you fresh graces; correspond with them in a really generous way for your own sake, but also for the good of the Community. Let the good Jesus find you easy to bend and first and foremost fashion as He wants! Listen attentively to His voice in the depth of your heart and don't lose a single one of His graces. Let your will make but one with His adorable Will! Let your heart be lost in His. He is soon going to accomplish His designs in you, provided you put no obstacles in

His way. Don't lose His Divine Presence from your sight . . . God wants you to be especially holy and undividedly His. If only you would make an effort! . . . The good Jesus wants above all to see in your heart pure, disinterested, generous love, unafraid of the pain, not in search of its own ease, and all that to please Jesus alone.

The good Lord doesn't forbid us to look after our body, but there are some that He wants to look after Himself and heal when He deems fit. Remedies are of no use to them. A small mortification is worth more to them than all the rest put together. Believe what I say and you'll see. The usual, that's what Jesus wants for you, whom He loves particularly.

— —

Let practical faith animate all your actions! Let your confidence in Jesus and in His love make you undertake generously all He demands of you! Every morning, as you wake, say to your Beloved: "My Jesus, here I am to accomplish your Will; what would you have me to do to please you this day?"

Do all your exercises of piety beneath Jesus' regard, with great love. One does good to other souls only in the measure of one's union with God.

The good God is looking for souls who'll make up for the injuries He receives, who'll love Him and make Him loved. He wants you to be one of these.

There comes a point where God unravels the warps and outwits the plans of those who are not seeking His glory alone.

Jesus, before He grants a soul intimate union with Himself, purifies it by trial, and the greater His designs over this soul, the greater also is the trial.

The Devil is well aware that God has plans over you; that's why He gives you so much bother and makes you be so bothered by those who serve him . . . Don't get discouraged. God is helping you and will go on helping you. Fight on bravely. In spite of Hell's efforts, God will attain His purposes.

God uses me to encourage you since you have no one else. Bear that in mind and see how true it is that Nature needs these little bits of encouragement. When the time comes, recall this to mind, since you yourself have and will have charge of souls. God Himself gives you the example in the Garden of the Agony.

Have utter trust in Jesus. Never will He let you down.

Fix your habitual dwelling-place in the Heart of Jesus. Let love be the chain uniting your heart to His adorable Heart! Your heart in all its misery will become purified, detached, from contact with a Heart so pure.

Draw also from the Divine Heart of Jesus all you need in the way of graces for others, for your function. He won't deny you anything you ask for with confidence and love.

These pains and sufferings of the heart are more painful than those of the body. But for a soul that loves Jesus, the pain that really hurts is that of making Him suffer each day by her sins and marks of ingratitude!

Ask the Heart of Jesus for the strength of soul needed for Him to be able to carry out His designs in you.

If God demands such utter purity of the soul He admits into His Heaven, it's because He is Eternal Purity, Eternal Beauty, Eternal Justice, Eternal Goodness and Eternal Perfection!

God allows you to suffer in mind and body so that, once you are dead to yourself, He may be able to accomplish His grand designs in you, so that you may know the art of perfecting others from your own experience.

— —

In order to fix your mind in the presence of God, take each day one of the fourteen Stations of Our Lord in His Passion, and devote your attention to it in a more special way. Jesus likes to call to mind all the sufferings He endured for us. On feast days, take, as a basis for reflexion, one of the glorious mysteries: the Resurrection, the Ascension ... And also think often on the Eucharist, on the hidden life of Jesus in the tabernacle. There above all will you see His love. Waiting alone like this, without a single worshipper, in most of the churches in the world! Waiting in vain for someone to come and say, "I love you!"

Every Sunday, make your little provisions for the week; in a word, seek to please Jesus. He'll pay you back in kind.

Through Holy Communion, Jesus will unite you most intimately to Himself and will unite Himself to you more closely than He has ever yet done for anyone. You'll find in this Divine Sustenance an extraordinary strength that will enable you to raise yourself to the perfection that Jesus is asking of you.

Everything passes and passes fast! Don't let us get so bothered about things that one day must finish. Let's aim at what will never finish ... By our holy actions done in union with Jesus, let us embellish our throne in Heaven. Let's make it go a few steps higher, to those high degrees[*] that are closest to the One that we are to contemplate and love for all eternity. It is this that should be our sole preoccupation on earth.

For a soul that Jesus loves, He does things that, at first sight, seem impossible. This is how He is going to act towards you!

It is Jesus who is drawing you towards Him most gently, most sweetly, but at the same time most forcefully. Don't resist His divine attractions.

Jesus will soon tell you Himself what He wants of you. In the meantime, He has given me the task of passing on to you the desires of His Divine Will. Listen carefully to His voice speaking to you intimately in the depth of your heart; refuse Him nothing and you'll win everything; because if you're generous he'll be so even more, and much more. You've already had proofs of it.

God wants at His service generous souls who have no personal attachment to their cares, who dedicate all their attention, all their good will to making Him be loved and served at the expense of their own interest.

God's graces are gifts that He doesn't owe us. He grants them to whom He pleases, without being obliged to explain Himself to anyone. What can impose laws on the Divine Master? Receive then the special graces that Jesus grants you, humbly, but at the same time with a humble gratitude, without seeking to examine the why or wherefore.

Jesus wants you to hover above all that is created, so that not one link, not one thread retains you to the earth. You must live even now the life of the Elect whose sole occupation is rejoicing, loving, losing themselves in God!

"*Souvenir.*" - NOVEMBER 2nd, 1890: Last benediction of the month of the Rosary.

14[*].   In French, the same word means "steps" and "degrees".

I'm going to try and give you some understanding, insofar as you can have an understanding on earth, of what Heaven is. It is a succession, an uninterrupted succession of feasts that are ever new, a continuously new bliss that one has never - so it seems - hitherto felt. It's a torrent of joy that overflows without ceasing over all the Elect ... Heaven, it's God above all, God loved, tasted, relished; it is, in a word, satiety of God, and yet without being satiated!

And the more a soul has loved God upon earth, the closer she has come to the summit of perfection, the more too does she love God and comprehend Him in Heaven!

Jesus is the true joy of Earth and the eternal joy of the Heavens.

- - - - -

Le

Manuscrit du Purgatoire

INTRODUCTION

Pour répondre au désir qui lui en a été exprimé, la *Direction du Bulletin de Notre-Dame de la Bonne Mort* [1] publie en brochure, avec toutes les *réserves* commandées par la sainte Église notre Mère, selon le Décret d'Urbain VIII, comme un *document purement historique*, le texte d'un pieux manuscrit qui lui a été communiqué par un Prêtre-Zélateur, missionnaire très zélé et très dévoué, sur les relations d'une Religieuse avec une âme du Purgatoire.

* * *

Tout d'abord, personne ne peut récuser à priori la possibilité et l'existence des apparitions des âmes du Purgatoire aux vivants sur la terre. Ces sortes d'apparitions ne sont pas rares et les récits qui les rapportent ne manquent pas ; ils surabondent dans la vie des Saints. Nous n'en citerons qu'un exemple emprunté à la vie de sainte Marguerite-Marie Alacoque [2].

« Comme j'étais devant le Saint Sacrement, le jour de sa fête, raconte-t-elle elle-même, une personne tout en feu se présenta tout à coup devant moi. L'état pitoyable où elle me fit voir qu'elle était en Purgatoire me fit verser d'abondantes larmes. Elle me dit qu'elle était l'âme du religieux Bénédictin qui avait reçu ma confession une fois et qui m'avait ordonné de faire la sainte communion, en faveur de quoi Dieu lui avait permis de s'adresser à moi pour lui donner du soulagement dans ses peines. Il me demanda tout ce que je pourrais faire et souffrir pendant trois mois ; le lui ayant promis, après en avoir demandé la permission à ma Supérieure, il me dit que le premier sujet de ses grandes souffrances était la préférence qu'il avait donnée à son propre intérêt sur la gloire de Dieu, par trop d'attache à sa réputation ; le second était le manquement

---

[1] Pour tous renseignements sur l'*Association de Notre-Dame de la Bonne Mort* et pour l'abonnement au *Bulletin* (5 fr. par an), s'adresser au Rév. Père Directeur de l'Association :

    Rome, 17, Via dei Penitenzieri (ITALIE).
    Sainte-Marie, Tinchebray (Orne) – FRANCE.
    Charlemagne, Cté Assomption, P. Q. (CANADA).

[2] Sa Vie par elle-même, 98, édition 1920.

de charité envers ses frères ; le troisième, le trop d'affection naturelle qu'il avait eue pour les créatures.

« Il me serait bien difficile, ajoute-t-elle, d'exprimer ce que j'eus à souffrir pendant ces trois mois. Il ne me quittait pas et il me semblait le voir tout en feu avec de si vives douleurs que j'étais obligée d'en gémir et d'en pleurer presque continuellement. Ma Supérieure, touchée de compassion, m'ordonna de bonnes pénitences, surtout des disciplines... Enfin, au bout des trois mois, je le vis tout comblé de joie et de gloire : il s'en allait jouir de son bonheur éternel et, en me remerciant, il me dit qu'il me protégerait devant Dieu. »

Les témoignages des théologiens, documentés de faits historiques, ne sont ni moins nombreux ni moins probants : qu'il nous suffise de citer, entre beaucoup d'autres, la *Mystique divine* de M. le chanoine Ribet, tome II, chap. VIII et, d'une façon générale, les ouvrages justement réputés des principaux Maîtres de la Théologie mystique.

Dieu permet ces apparitions et ces manifestations pour le soulagement des âmes qui viennent exciter notre compassion et aussi pour notre instruction, pour nous révéler les sévérités et les rigueurs de sa justice contre les fautes que nous estimons légères. Un recueil de plusieurs apparitions publié par *Monseigneur Palafox y Mendoza*, évêque d'Osma (Espagne), porte effectivement ce titre suggestif : *Lumière aux vivants par l'expérience des morts.* On ne pouvait mieux exprimer et justifier la raison providentielle des manifestations par lesquelles les âmes souffrantes du Purgatoire s'adressent aux vivants pour implorer leur pitié et réclamer leur intercession [1].

Il faut le noter toutefois : les faits et les récits relatifs à ces diverses manifestations n'ont qu'une autorité humaine, tant

[1] *Le Purgatoire*, revue de l'Association du Sacré-Cœur de Jésus en faveur des Ames du Purgatoire, fondée à Rome par le R. P. Victor JOUET, a publié, de 1900 à 1912, le récit de nombreuses apparitions d'âmes du Purgatoire avec les documents historiques qui en garantissaient l'incontestable authenticité.

Le Révérend Père avait même constitué, 12, Via Lungotevere Prati, un *Musée d'outre-tombe* ou *Musée des Ames du Purgatoire*, composé de souvenirs, de documents et de pièces justificatives qui rendaient tangibles et palpables la réalité des faits attestés. Nous avons visité maintes fois ce Musée unique en son genre, nous avons vu de nos yeux et tenu dans nos mains, avec un profond saisissement, les *empreintes de doigts et de mains de feu* laissées sur les vêtements, sur les livres, sur les objets touchés par les diverses apparitions. Les explications du Révérend Père, d'une documentation impressionnante, excitaient toujours, chez les pèlerins de *ce petit tour par le Purgatoire*, une émotion dont ils ne pouvaient se défendre : ils avaient sous les yeux la preuve palpable de l'existence du Purgatoire et le témoignage irrécusable du feu justicier qui y purifie les âmes des restes de leurs péchés.

N. B. — Le Musée du R. P. JOUET fut exposé, le 4 août 1905, dans une des salles du Vatican, et présenté par Son Em. le cardinal Vivès y Tuto à S. S. PIE X, qui le visita avec le plus grand intérêt et en éprouva la plus vive satisfaction.

que l'Eglise ne s'est pas prononcée à leur égard, une autorité proportionnée à la valeur et au nombre des documents historiques sur lesquels ils reposent et dont ils sont accompagnés !

LE MANUSCRIT

Son authenticité

.Le manuscrit que nous avons entre les mains contient des renseignements très intéressants sur la vie d'outre-tombe, notamment sur le Purgatoire, et ces renseignements sont entre-mêlés de très nombreux conseils de direction spirituelle.

Son authenticité ne fait pas doute.

Il résulte en effet de *témoignages certains et concordants*, de *faits dûment contrôlés*, qu'une Religieuse d'un couvent de V., Sœur M. d. l. C., décédée à C. le 11 mai 1917, perçut tout à coup, près d'elle, en novembre 1873, des gémissements prolongés...

Epouvantée, elle s'écria : « Oh ! qui êtes-vous donc ?... Vous me faites peur... Surtout ne vous montrez pas !... Mais dites-moi qui vous êtes. »

A cette sommation, aucune réponse ne fut faite, mais les plaintes continuèrent... en se rapprochant d'elle de plus en plus.

En vain, la pauvre Sœur multipliait prières, communions, chemins de croix et rosaires, les gémissements ne cessaient pas et restaient toujours aussi mystérieux...

Enfin, le dimanche 15 février 1874, une voix bien connue se fit entendre : « N'ayez pas peur ! Vous ne me verrez pas dans mes souffrances ! Je suis Sœur M. G. [1]. » Et l'âme en peine fit savoir à son ancienne compagne, dont elle avait jadis *trop souvent méprisé* les conseils, qu'elle lui multiplierait ses visites *pour l'aider à se sanctifier*, car il entrait dans le plan divin que ce fût elle, Sœur M. d. la. C., qui, *par la sainteté de sa vie*, dût soulager et finalement délivrer celle qui avait naguère tant exercé sa patience.

La réponse était donnée... Eut-elle pour effet de calmer celle qui l'avait reçue ? Nullement... Ce fut plutôt le contraire.

La Sœur M. d. l. C. supplia sa visiteuse de disparaître et de ne plus jamais revenir... Mais ce fut peine perdue. Il lui fut répondu qu'elle devrait subir — tout le temps voulu par Dieu — ce qu'elle redoutait au plus haut point.

Et c'est ainsi que, plusieurs années durant, s'établirent entre l'âme de Sœur M. G. et la Sœur M. d. l. C. les mystérieuses relations que Sœur M. d. l. C. consigna elle-même, de 1874 à 1890, dans le précieux manuscrit dont nous entreprenons la publication.

---

[1] Sœur M. G. était une jeune Religieuse de 36 ans, morte victime de son dévouement à V., le 22 février 1871.

Sa valeur

Elle ressort :

1° *De la personne même de Sœur M. d. l. C.*

a) Sans aucune note discordante, tous ceux qui l'ont connue attestent qu'elle n'a jamais cessé de pratiquer — et jusqu'à l'héroïsme — toutes les vertus chrétiennes et religieuses.

Directrice de pensionnat, elle exerça sur ses élèves une telle influence surnaturelle que toutes les survivantes — et elles sont encore nombreuses — la qualifient de « Sainte », avouant candidement que par ses paroles et par ses actes elle les impressionnait beaucoup plus qu'un prêtre n'aurait pu le faire !... Et elles vivent de son souvenir !

b) Hâtons-nous d'ajouter que tous les témoins de sa vie reconnaissent avec une unanimité touchante, appuyée sur les preuves les plus sérieuses, qu'elle était douée du jugement le plus droit et qu'en elle se réflétaient l'intelligence la plus vive et la plus cultivée, l'équilibre le plus parfait, le plus absolu bon sens !...

En réalité, elle n'a *jamais* désiré les voies extraordinaires ; elle a tout fait, au contraire, pour les éviter... Jusqu'au bout — le manuscrit en fait foi — elle a mis en doute ce qu'elle était *obligée d'entendre,* alléguant que c'était diabolique, ... déclarant qu'elle était « bien contrariée de sortir de la vie commune », ...elle qui désirait tant « être comme tout le monde » et passer inaperçue.

c) Enfin, tout en protestant contre les visites qu'elle recevait. Sœur M. d. l. C. en profita amplement pour son avancement spirituel : ses notes de retraite nous en sont un sûr garant et surtout le témoignage unanime de tous ceux qui l'ont vue vivre et agir.

2° *De l'autorité des témoignages reçus.*

En premier lieu, nous devons déclarer que Sœur M. d. l. C. — nous le savons de source très sûre — tenait fidèlement son directeur, le R. P. PRÉVEL, des Pères de Pontigny, plus tard Supérieur général de sa Congrégation, au courant de tout ce qui la concernait.

Les carnets de la Sœur nous révèlent en effet qu'elle tirait le plus grand profit des relations qu'elle entretenait avec le Révérend Père et une lettre de celui-ci à sa dirigée, datée de Hitchin (Angleterre), 4 novembre 1912, après une longue séparation imposée par les événements, nous confirme qu'il était expressément renseigné sur les communications de Sœur M. d. l. C. avec son ancienne compagne :

« Parlez-moi, lui dit-il, de votre chère affligée qui doit être depuis longtemps abîmée dans la gloire de son Bien-Aimé !... Vous a-t-elle depuis lors délaissée ?... Ou bien vous console-t-elle de vos tristesses ?

« Avez-vous continué à écrire ses communications ? *J'ai, pour ma part, précieusement conservé les anciennes et je les ai relues bien des fois.* »

De toute évidence, le R. P. Prével considérait les communications reçues comme *sérieuses* et il est bien à présumer qu'il ne les jugeait pas telles *sans de très bonnes preuves.*

A l'autorité de premier plan du Directeur, nous avons la bonne fortune d'ajouter le témoignage de théologiens réputés dont personne ne méconnaîtra la grande compétence :

M. le chanoine DUBOSQ, ex-supérieur du grand Séminaire de Bayeux et promoteur de la foi dans les Procès canoniques pour la béatification et la canonisation de sainte Thérèse de l'Enfant-Jésus.

M. le chanoine GONTIER, censeur officiel des livres dans le diocèse de Bayeux et auteur d'ouvrages très estimés : *Explication du Pontifical, Règlement de vie sacerdotale,* etc.

Un MAITRE ÉMINENT DE THÉOLOGIE MYSTIQUE du plus grand mérite dont nous devons respecter l'anonymat pour des raisons tout à fait indépendantes du sujet qui nous occupe, mais dont nous pouvons bien dire que ses beaux ouvrages ont mérité cet éloge de Pie X : « *Les hommes éclairés rendent un juste hommage à votre science et à votre expérience.* » (Lettre du 13 décembre 1908.)

Après un mûr examen du manuscrit, ces Messieurs n'ont pas hésité à déclarer qu'il ne contenait rien de contraire aux enseignements de la foi, rien qui ne fût en parfait accord avec les principes de la vie spirituelle, rien qui ne fût de nature à édifier les âmes.

Ils ont noté avec la plus grande faveur que Sœur M. d. l. C., pourvue du jugement le plus droit et douée du plus grand bon sens, était par le fait même protégée contre les écarts d'une imagination trop vive et dangereuse.

Ils ont relevé avec complaisance que Sœur M. d. l. C. avait tout fait pour être délivrée des visites qui l'importunaient, qu'elle avait protesté en se demandant si ce n'était pas une punition que le Ciel lui infligeait, qu'elle trouvait les événements si surprenants qu'elle ne savait que croire, qu'enfin elle avait fait tant d'objections à l'apparition qu'on ne pouvait lui prêter d'aucune façon l'intention d'avoir imaginé ou inventé les manifestations dont elle était l'objet.

Enfin ils ont été très impressionnés :

a) par la grande leçon de charité chrétienne qui se dégageait visiblement de tout le processus de l'apparition : d'un côté en effet Sœur M. G. au couvent de V. avait fait beaucoup souffrir, par son attitude peu religieuse, Sœur M. d. l. C., qui était chargée de la rappeler à l'ordre, et d'autre part c'était à Sœur M. d. l. C. elle-même que, sur l'ordre de Dieu, elle avait dû s'adresser, après sa mort, pour être délivrée du Purgatoire ;

b) par le fait que les lumières fournies à Sœur M. d. l. C. se faisaient d'autant plus vives et d'autant plus précises que Sœur M. G. se purifiait davantage ;

c) par les progrès réalisés par Sœur M. d. l. C. dans l'œuvre de sa sanctification progrès sensibles qui faisaient dire à M. le chanoine DUBOSQ : « En publiant le manuscrit de Sœur M. d. l. C. — et je désire que vous le fassiez — vous allez au-devant d'une Cause de béatification. »

Bref les éminents théologiens consultés ont conclu unanimement que le manuscrit de Sœur M. d. l. C. portait en lui-même la preuve de sa parfaite authenticité et qu'en conséquence il avait pleine valeur, et quant à son contenu, et quant à son origine.

Conclusion

Le manuscrit de Sœur M. d. l. C. que nous appellerons, pour le caractériser d'un mot le *Manuscrit du Purgatoire*, se présente à nous, de l'aveu des plus exigeants, avec toutes les garanties de crédit, du seul point de vue historique et humain, qu'il est possible de désirer.

La Direction du Bulletin de Notre-Dame de la Bonne Mort est heureuse d'en publier l'édifiant et impressionnant contenu ; la voix d'outre-tombe qui s'y fera entendre, en nous révélant les justices et les miséricordes du Purgatoire, en nous proposant les conseils de piété et de sanctification dont le manuscrit est rempli, nous sera une vive lumière pour l'orientation de notre vie sur le chemin de l'éternité [1].

Et nous ne doutons pas que cette *lumière aux vivants par l'expérience des morts* ne soit pour beaucoup de nos Associés une éloquente école de bonne vie et, par le fait même, une très salutaire et très efficace *préparation à la bonne mort.*

---

[1] Pour respecter fidèlement le texte du manuscrit, nous ne mettrons pas à part les passages qui concernent plus spécialement les fins dernières... Le lecteur pourra y suppléer lui-même, s'il le juge à propos, comme il pourra suppléer également aux questions que Sœur M. d. l. C. posait à l'apparition, mais omettait de consigner dans le manuscrit.

LE TEXTE DU MANUSCRIT [1]

Mère Supérieure est au Ciel du jour de sa mort, parce qu'elle a bien souffert et qu'elle était bien charitable.

Si vous étiez parfaite comme le bon Dieu le veut, que de grâces il aurait à vous accorder !

Le bon Dieu veut que vous soyez plus sainte que bien d'autres.

M. l'abbé L. est en Purgatoire, parce qu'il aimait trop à faire des retraites et à prêcher partout !...

... Oui, c'était bien, mais il négligeait sa paroisse.

Le bon Dieu recevra ce que vous ferez pour toutes les âmes du Purgatoire comme si vous le faisiez pour une seule, en dirigeant votre intention.

C'est moi, en ce moment, la plus souffrante d'ici, parce que je n'étais pas dans ma vocation.

Le chemin de la croix est la meilleure prière après la sainte Messe.

Je suis plus souffrante que Sœur..., parce qu'elle était, elle, dans sa vocation ; seulement le mal lui avait aigri le caractère ; puis, elle avait été mal conseillée.

Je ne puis donner de signe extérieur. Le bon Dieu ne le permettra pas ; j'ai été trop coupable.

Parce que je vous ai fait de la peine et que le bon Dieu veut que ce soit vous qui priiez pour moi !

Vous pouvez aussi le dire à Sœur... à qui j'ai aussi fait de la peine et à Mère Supérieure que j'ai tant fait souffrir... Si elle pouvait me faire dire quelques Messes.

Quelques Rosaires pour moi ! Vos méditations bien faites, parce que je n'en faisais point du tout ! Votre office bien récité, parce que je ne le récitais pas bien ! Une grande modestie partout, parce que j'avais toujours les yeux levés pour voir ce qu'il ne fallait pas que je visse !... Des élévations ! et une grande

---

[1] Ce manuscrit a été revisé et approuvé par plusieurs savants théologiens comme ne contenant rien de contraire aux données de la doctrine catholique. Nous le publions d'ailleurs comme un *document purement historique* et avec toutes les réserves prescrites par l'Église, selon le Décret d'Urbain VIII.

soumission pour Mère Supérieure que j'ai tant fait souffrir !
Pauvre Mère Supérieure !... (Dix ou quinze fois répété.)

Hélas ! si vous saviez ce que je souffre ! Priez pour moi, s'il
vous plaît. C'est parce que je souffre extrêmement partout !
Hélas ! mon Dieu !... Que vous êtes miséricordieux ! Hélas !
On ne se figure pas ce que c'est que le Purgatoire.

Il faut être bonne et avoir pitié des âmes !

Quelques bons avis !... Le chemin de la croix.

Sur terre, vous souffrirez toujours de corps et d'esprit et
souvent des deux ensemble !

Il fait si beau au Ciel ! Il y a un si grand espace entre le Purgatoire et le Ciel ! Quelquefois nous avons comme un écho des
joies que goûtent les Bienheureux au Paradis ; mais c'est presque
une punition, car cela nous donne une si grande envie de voir
le bon Dieu ! Au Ciel, la pure lumière ; dans le Purgatoire, les
profondes ténèbres !

Le bon Dieu vous aime plus que bien d'autres... Ne vous en
a-t-il pas donné des preuves ?

Mère E. est au Ciel. C'était une personne cachée et extrêmement
intérieure !

Mais non ! Je ne suis pas le diable ! Je suis Sœur M. G. —
Je vous tracasserai jusqu'à ce que je sois au Ciel. Après, je
prierai pour vous à mon tour.

Oui, je puis bien prier dès maintenant et je le ferai tous les
jours. Vous verrez si les âmes du Purgatoire sont ingrates !

Les grands coupables ne voient pas la sainte Vierge.

Quand on délivre une âme du Purgatoire, c'est une grande
joie pour Dieu lui-même. Ce que vous avez lu à ce sujet dans
les livres est bien vrai.

J'aurai un peu de soulagement le jour de Pâques.

Si vous veillez avec soin sur vous, le bon Dieu a des grâces
à vous accorder qu'il n'a encore jamais faites à personne.

Vous pouvez dire votre Psautier pour plusieurs à la fois, en
ayant soin, avant de le réciter, de diriger votre intention, comme
si vous pouviez le dire pour chacune d'elles, et elles y auront
part comme si vous le disiez pour chacune d'elles.

Il y a une pénitence à part dans le Purgatoire pour les Religieuses qui ont fait de la peine à leur Supérieure : pour celles-là,
le Purgatoire est terrible. Elles viendront avec moi et elles
verront la pénitence qu'elles subiront aussi !

* * *

24 Mars 1874 (2e *dimanche après Pâques*). — Allez le plus
souvent que vous pourrez demain devant le Saint Sacrement.
Comme je vous y accompagne, j'aurai le bonheur d'être auprès
du bon Dieu. Oui, cela me soulage.

(*Annonciation.*) — Je suis dans le second Purgatoire maintenant.
Depuis ma mort, j'étais dans le premier où l'on souffre de **si**

grandes douleurs. On souffre aussi beaucoup dans le second, mais beaucoup moins que dans le premier.

Soyez toujours un appui pour votre Supérieure. Ne parlez point souvent ; attendez qu'on vous interroge pour répondre.

MAI. — Je suis dans le second Purgatoire depuis le jour de l'Annonciation de la sainte Vierge. J'ai aussi, ce jour-là, vu pour la première fois la sainte Vierge [1], car dans le premier on ne la voit pas. Sa vue nous encourage ; puis cette bonne Mère nous parle du Ciel. Pendant que nous la voyons nos souffrances nous paraissent diminuées.

Ah ! si j'ai envie d'aller au Ciel ! Oh ! quel martyre nous souffrons depuis que nous connaissons le bon Dieu !

Ce que je pense !... Le bon Dieu le permet pour votre bien et pour mon soulagement !... Ecoutez bien ce que je vais vous dire : « Le bon Dieu a de grandes grâces à vous accorder. Il veut que vous sauviez un grand nombre d'âmes par vos bons conseils et par vos exemples. Si par votre conduite vous y mettiez obstacle un jour vous répondriez de toutes ces âmes-là que vous auriez pu sauver ! »

Il est vrai que vous n'en êtes pas digne ; mais puisque le bon Dieu permet tout cela... Il est bien le Maître d'accorder ses grâces à qui il lui plaît.

Vous faites bien de prier et de faire prier saint Michel. On est heureux à l'heure de la mort d'avoir eu confiance en quelques Saints, afin qu'ils soient nos protecteurs auprès du bon Dieu à ce terrible moment.

N'ayez pas peur de rappeler à toutes vos filles les grandes vérités du salut. Les âmes ont souvent besoin d'être ébranlées, à présent plus que jamais !

Le bon Dieu veut que vous vous donniez entièrement à lui. Il vous aime plus que bien d'autres. Par conséquent il vous accordera aussi plus de grâces. (Il en est bien le Maître !) Donc, il vous sera plus facile de l'aimer aussi davantage. Ne perdez aucune des grâces qu'il vous fait.

Ne vivez que pour le bon Dieu. Procurez sa gloire partout. Que de bien vous pouvez faire dans les âmes !

Ne faites rien que pour faire plaisir au bon Dieu. Avant chaque action, recueillez-vous un moment en vous-même pour voir si ce que vous allez faire va lui être agréable. Tout pour votre Jésus ! Oh ! aimez-le bien !

Oui, je souffre, mais mon plus grand tourment est de ne pas voir le bon Dieu. C'est un martyre continuel qui me fait plus souffrir que le feu du Purgatoire. Si plus tard vous aimez le bon Dieu comme il l'entend, vous éprouverez un peu ce que

[1] Plusieurs saints et savants théologiens rapportent que, par une faveur divine, la sainte Vierge se montre parfois aux âmes du Purgatoire, pour leur soulagement et leur consolation, notamment aux jours de ses grandes fêtes.

c'est que cette langueur qui fait désirer de s'unir à l'objet de son amour, au bon Jésus !

Oui, nous voyons quelquefois saint Joseph, mais pas aussi souvent que la sainte Vierge.

Il faut que vous deveniez indifférente à tout, excepté pour le bon Dieu. Voilà comment vous atteindrez le sommet de la perfection où Jésus vous appelle.

Mère I. n'a rien eu des Messes qu'on lui a fait dire. Les Religieuses n'ont pas le droit de disposer de leurs biens ; c'est contre la pauvreté.

Si vous faites bien votre oraison, les âmes qui vous sont confiées s'en ressentiront.

Le bon Dieu ne refuse jamais les grâces qui lui sont demandées dans une oraison bien faite.

Le Purgatoire des Religieuses est plus long et plus rigoureux que celui des gens du monde, parce qu'elles ont abusé de plus de grâces.

C'est le bon Dieu qui l'a permis et c'est Mère Supérieure défunte qui l'a obtenu, parce qu'il y a dans le Purgatoire beaucoup de Religieuses délaissées (par leur faute, c'est vrai !) et on n'y pense plus. Mère Supérieure défunte m'a dit que si on pouvait, à la Communauté, faire dire de temps en temps une Messe à leur intention, le bon Dieu en serait bien content. Vous direz cela à Mère Supérieure.

Oui ! le bon Dieu aime bien Mère Supérieure. Vous voyez qu'il lui a donné une bonne croix à porter, voilà la meilleure preuve de son amour pour elle.

On ne peut se figurer les peines que l'on souffre au Purgatoire ! Personne n'y pense dans le monde. Les Communautés religieuses aussi l'oublient. C'est pourquoi le bon Dieu veut qu'ici on prie spécialement pour les pauvres âmes du Purgatoire, qu'on inspire cette dévotion aux élèves, afin qu'à leur tour, elles en parlent dans le monde.

Ne craignez nullement la fatigue. Dès lors qu'il s'agira du bon Dieu sacrifiez tout pour lui !

Obéissez à votre Supérieure promptement ; qu'elle vous tourne en tous les sens qu'elle voudra. Soyez bien humble. Humiliez-vous toujours, jusqu'au centre de la terre si cela se pouvait.

M. est en Purgatoire parce qu'elle a, par ses paroles astucieuses, paralysé souvent le bien que les Supérieures auraient pu faire.

Prenez pour pratique la présence de Dieu et la pureté d'intention.

Le bon Dieu cherche des âmes dévouées qui l'aiment pour lui. Il y en a bien peu ! Il veut que vous soyez du nombre de ses vraies amies. Bien des personnes aiment le bon Dieu ; elles le croient, mais elles l'aiment pour elles-mêmes ! Voilà tout !

Non ! nous ne voyons pas le bon Dieu dans le Purgatoire. Ce serait alors le Ciel !

Quand une âme cherche véritablement, tout bonnement, par amour, le bon Dieu dans son cœur, il ne permet pas qu'elle soit trompée.

C'est vrai ; mais puisque le bon Dieu fait déborder ses grâces souvent là où a abondé la malice... pourquoi les refuseriez-vous ?

Dévouez-vous, sacrifiez-vous, immolez-vous pour le bon Dieu ! Jamais vous ne pourrez trop faire pour lui !

Pensez bien qu'il n'y a que le trop plein de sa piété qu'on répand sur les autres.

N'ayez pas de respect humain, même avec les Sœurs anciennes. Dites toujours quelque chose quand il s'agira de soutenir votre Supérieure.

Ce n'est pas de ses grands amis que le bon Dieu se sert pour tracasser et faire de la peine aux autres. Remerciez-le de ne pas être de ce nombre. Il vaut mieux être enclume que marteau !

Il ne faut pas vous fatiguer de souffrir de corps et d'esprit, car c'est à peine si vous avez satisfait pour le passé. Votre couronne est à peine commencée.

* * *

JUIN. — Quand il s'élève une tempête suscitée pour faire de la peine à une âme, remarquez que tout cela retombe aussi vite !

Le démon a ses suppôts partout... même dans les couvents !

Non, je ne vois pas le bon Dieu quand il est exposé ; je sens sa présence. Je le vois comme vous des yeux de la foi, mais notre foi est bien autrement vive que la vôtre. Nous savons, nous, ce que c'est que le bon Dieu !

Ayez toujours le bon Dieu présent avec vous. Dites-lui tout comme à un ami et veillez beaucoup sur votre intérieur.

Pour bien se préparer à la sainte communion, il faut l'amour avant, l'amour pendant l'action de grâces, l'amour toujours.

Le bon Dieu veut que vous ne viviez que pour lui, que vous ne pensiez qu'à lui, que vous ne rêviez qu'à lui.

Mortifiez votre esprit, vos yeux, votre langue, ce sera plus agréable au bon Dieu que les mortifications du corps qui, souvent, viennent de notre propre volonté.

Il faut agir avec le bon Dieu comme avec un père, un ami bien tendre, un époux bien cher.

Il faut que vous déversiez la tendresse de votre cœur sur Jésus seul, sur lui tout entière, tout entière !

Oui ! toute l'éternité, vous chanterez les miséricordes infinies à votre égard.

Il faut tant aimer le bon Jésus qu'il puisse trouver dans votre cœur un séjour agréable où il se repose pour ainsi dire des offenses qu'il reçoit partout. Il faut que vous l'aimiez pour les indifférents, pour les âmes lâches et pour vous la première ; il faut que vous l'aimiez tant, en un mot, qu'à V... ce soit un exemple qui brise...

C'est vrai que sainte Thérèse et M. Eust. l'ont bien aimé ; mais vous, qui lui avez fait de la peine, vous devez l'aimer plus à proportion que ces âmes innocentes.

12 Décembre. — Si vous aimez bien le bon Dieu, il ne vous refusera rien. Quand une personne aime réellement une de ses semblables, vous savez qu'elle tourne et retourne en tous sens auprès d'elle pour arracher un oui pour ce qu'elle demande et toujours elle l'obtient... Il en sera de même du bon Dieu à votre égard. Il vous accordera tout ce que vous lui demanderez.

Le bon Dieu veut que vous ne vous occupiez que de lui seul, que de son amour et d'accomplir sa sainte volonté.

En s'occupant du bon Dieu... il faut aussi s'occuper des âmes. Il n'y aurait pas un grand mérite à se sauver seul.

Le bon Dieu veut de vous une grande perfection qu'il ne demande pas de bien d'autres !

* * *

Février 1875. — Veillez beaucoup sur votre intérieur, gardez vos petites peines pour Jésus tout seul. Il peut bien vous servir de tout ce qu'il vous a enlevé.

Votre vie doit être une vie continuelle d'actes intérieurs d'amour, de mortification, mais que Dieu seul le sache ; ne rien faire d'extraordinaire : vie bien cachée, bien cachée, bien unie à votre Jésus.

Le bon Dieu veut que vous l'aimiez uniquement. Si vous ne mettez pas d'obstacle à ses grâces, il en a d'extraordinaires à vous accorder qu'il n'a encore faites à personne. Il vous aime d'une manière toute spéciale. Ne vous en êtes-vous jamais aperçue ? A nous d'adorer ses desseins, sans chercher à les approfondir. Il est le maître de faire pour les âmes ce qu'il lui plaît. Soyez toujours bien humble, bien cachée. Ne vous occupez de personne, occupez-vous seulement de ce qui vous regarde, de votre propre sanctification.

Non ! Il ne faut pas avoir trop de rapports avec... Elle est trop expansive et trop parleuse. Ce n'est pas cela que le bon Dieu veut de vous.

Ce n'est pas bien de vous défier ainsi de votre Jésus. Vous lui avez tout donné et croyez bien qu'à ce sujet... tout ce qui est arrivé, il l'a permis...

Aimez bien le bon Dieu ! Oh ! que les âmes qui possèdent ce trésor sont heureuses !

Votre grande pénitence à vous, pendant votre vie, ce ne sera pas l'absence de votre Jésus, mais une grande douleur de toutes les peines que vous lui avez faites par le passé, occasionnées par l'excès des grâces dont il vous a comblée et dont il vous comblera, et l'impuissance de lui rendre tout l'amour que vous voudriez !

Vous pouvez bien vous lever à quatre heures et vous coucher avec tout le monde, à moins que vous ne soyez malade tout de bon. Vous n'en serez, je vous assure, pas moins bien ; car à cela près d'une demi-heure, ce n'est pas grand'chose et c'est une édification.

N'allez pas pour de petits riens vous plaindre à personne, pas même à votre Supérieure. Gardez ces petites souffrances pour vous seule et pour votre Jésus à qui vous devez dire tout. Ne vous occupez pas trop de votre santé. Le bon Dieu vous en donnera assez pour le servir.

14 MAI. — Ayez l'intention, en faisant votre retraite, de ne perdre aucune des grâces que le bon Dieu vous fait et de suivre toujours l'attrait de ces grâces, d'avoir un esprit de foi très grand et aussi un grand recueillement. Il y a longtemps que je vous poursuis pour cela.

Il faut être toujours, dans vos actions surtout, aussi recueillie en vous-même que vous l'êtes dans votre action de grâces après la sainte communion.

Remerciez le bon Dieu de toutes les grâces qu'il vous a faites et pour celles qu'il vous fait chaque jour. Vous y penserez chaque matin à la fin de votre méditation. Priez-le aussi pour ce que je vous ai dit hier...

Ne faites jamais rien, sans vous recueillir un instant, et sans demander avis à votre Jésus qui est dans votre cœur... Vous me comprenez...

Oh ! oui, j'aime bien le bon Dieu, mais à mesure qu'une âme se purifie, c'est-à-dire qu'elle approche du Ciel, son amour aussi croît davantage.

Pensez souvent à tout l'amour que le bon Dieu a pour vous. Soyez bien fidèle à toutes les inspirations de la grâce.

Recommencez chaque jour comme si vous n'aviez encore rien fait, sans jamais vous décourager.

18 MAI. — Oh ! que le nombre des vraies Religieuses ayant vraiment l'esprit de leur état est petit ! Il y en a à peu près une sur cinquante. Il faut à tout prix que vous soyez de ces privilégiées !

Que la responsabilité d'une Supérieure, d'une Maîtresse des novices, d'une Maîtresse de classe est grande ! Quel compte à rendre au bon Dieu !

Au fur et à mesure que je serai délivrée, vous m'entendrez plus clairement, et quand je serai délivrée tout à fait, je serai pour vous un second ange gardien ! Mais un ange que vous verrez !

Mère... est encore au Purgatoire. Elle a introduit dans la Communauté plusieurs sujets qui n'avaient pas de vocation et qui mettent le relâchement. C'est une grande science de savoir discerner les esprits. Si on faisait plus attention aux sujets que l'on reçoit, il n'y aurait pas tant de mal dans les Communautés !

* * *

20 JUIN. — Le bon Dieu ne demande pas plus que force. C'est seulement les cœurs qu'il veut tout à lui.

Il faut que, pour obtenir ses grâces, tant pour vous que pour la Communauté, vous vous renonciez du matin au soir, que vous ne vous recherchiez en rien, que tout soit bien caché aux yeux des créatures ; mais que Dieu seul sache tout et voie vos petits sacrifices journaliers, lui seul, entendez-vous !

Vous éprouvez pour plusieurs choses du dégoût, c'est le bon Dieu qui le permet, afin que, par là, vous méritiez. Faites-y bien attention et ne laissez rien perdre.

Oui, c'est vrai, mais il y aura plus de gloire, en un sens, pour le bon Jésus de faire procurer sa gloire par une personne qui n'a pas toujours été son amie et, pour vous, bien plus de confusion de voir que le bon Dieu vous choisit, malgré vos infirmités spirituelles, pour servir à ses desseins. Aussi, faudra-t-il vous sacrifier et vous immoler en retour.

Savez-vous pourquoi le bon Dieu ne vous accorde pas présentement les grâces que vous lui demandez ? C'est que vous n'avez pas confiance en lui assez.

Il est vrai aussi que vous oubliez trop les grandes grâces que le bon Jésus vous fait. Il vous poursuit du matin au soir, et vous vous esquivez le plus que vous pouvez. Ce n'est pas ainsi qu'il faut agir avec un Dieu si bon, et si bon surtout pour vous.

A chaque minute, examinez-vous, examinez votre cœur pour voir si vous faites plaisir au bon Dieu. Examinez aussi si vous ne faites rien qui puisse lui causer de la peine. Voilà ce qui attirera de plus en plus les regards bénis du bon Jésus sur vous.

Il faut que vous aimiez tant le bon Dieu que, d'ici quelque temps, il trouve dans votre cœur un séjour agréable, où il puisse, pour ainsi dire, se reposer. Il faut que ce bon Jésus vous dise lui-même ses peines, celles que le monde lui fait chaque jour et que vous, de votre côté, vous lui témoigniez tant d'amour qu'il en soit consolé.

14 Aout. — Le bon Dieu ne veut pas que vous vous écoutiez. Confiez-vous en lui, ne vous l'ai-je pas dit bien des fois ? Est-ce qu'il ne peut pas vous donner malgré votre faiblesse les forces nécessaires pour le servir ? Pourquoi vous défiez-vous ainsi de son pouvoir et de sa bonté ?

15 Aout. — Oui, nous avons vu la sainte Vierge. Elle est remontée au Ciel avec beaucoup d'âmes ; moi, je suis restée.

Vous avez chaud ? Hélas ! si vous saviez quelle chaleur il y a en Purgatoire comparée à la vôtre ! Une petite prière nous fait tant de bien ! Elle nous rafraîchit comme un verre d'eau froide donné à une personne qui a bien soif.

Aimez tout le monde, mais ne soyez confiante en personne entièrement, en personne, parce que Jésus veut être seul votre grand confident. Pour lui tout et pour lui tout seul.

Faites toutes vos actions sous le regard du bon Dieu. Je vous l'ai dit : consultez-le avant tout ce que vous avez à faire ou à dire. Oh ! alors, que de grâces couleront sur vous ! Que votre vie soit une vie de foi et d'amour, et si vous agissez ainsi... vous savez ce que je vous ai dit là-dessus.

Ne faites rien pour vous faire remarquer au dehors. Evitez la compagnie (sans blesser la charité) de celles de vos Sœurs qui sont trop expansives, qui manquent de charité. Pour vous, ne vous occupez que de ce qui vous regarde. Effacez-vous. Ne dites jamais votre sentiment à moins qu'on ne vous y force. Occupez-vous du seul objet qui doit faire le mobile de votre vie entière. Jésus !... Oui ! Jésus du matin au soir et du soir au matin !

* * *

20 Aout. — *Retraite.* — Hélas ! Je me plains, parce que je souffre beaucoup plus qu'à l'ordinaire..., parce que j'ai abusé autrefois de ces jours de grâces et de salut et j'en suis châtiée aujourd'hui.

Faites toutes vos actions sous le regard du bon Dieu, simplement, ne cherchant à plaire qu'à lui seul au monde. Jusqu'à ce que vous soyez arrivée à ce dénuement de toute chose pour ne faire attention qu'à lui tout seul, il ne vous laissera pas en paix.

Il faut que vous soyez une règle vivante pour toute la Communauté. Il faut qu'on puisse dire de vous en vous voyant : « Voilà la règle ! » Il faut davantage encore : que vous soyez pour ainsi dire un autre Jésus, c'est-à-dire que vous retraciez dans toute votre conduite, autant qu'il est possible à une créature, Jésus lui-même.

7 Septembre. — Le bon Dieu, quoique bien grand, il est vrai, ne dédaigne pas de s'abaisser avec l'âme qui l'aime et d'entrer avec elle jusque dans les plus petits détails sur ce qui la concerne. Quelle bonté !

Mais oui, n'est-ce pas, il y a quelque chose d'intime dans notre âme que Dieu seul comprend et qui ne peut être dit qu'à lui seul ?

8 Septembre. — Le bon Dieu permet que certaines âmes aient une tendresse de cœur remarquable, tandis que d'autres sont moins sensibles. Tout cela est dans ses desseins. Celles qui ont le cœur plus aimant, il le leur a fait, ce cœur, surtout pour lui, afin qu'elles déversent tout leur amour dans son Cœur adorable. Il est bien le Maître d'accorder à chacun ce qu'il lui plaît. Il a aussi une prédilection particulière pour certaines âmes ; vous êtes de ce nombre.

Je souffre plus la nuit, quand vous reposez. Il est vrai que je porte toujours mon Purgatoire avec moi, mais le jour, comme j'ai la permission de vous accompagner partout, je souffre un peu moins. Tout cela est une permission du bon Dieu.

7 Novembre. — Pensez bien à ce que je vais vous dire : Veillez beaucoup sur votre intérieur, sur tout ce que vous faites. Demandez-vous à chaque heure si le bon Dieu est content de vous, parce qu'il faut que vous deveniez vite une sainte.

Oui, c'est vrai ; mais avec la grâce du bon Dieu on peut tout. Reconnaissez-vous indigne de ces grâces, mais, malgré tout, agissez.

8 Décembre. — Aimez bien le bon Dieu. N'ayez pas peur de votre peine. Fiez-vous en lui et nullement en vous. Mourez à vous-même du matin au soir. Vous savez ce que je vous ai dit pour le nouvel Évêque ; ce sera vrai.

Ne respirez, ne vivez que pour Jésus-Christ !

Le bon Dieu doit être seul votre confident. Ne vous plaignez qu'à lui seul. Soyez bien cachée aux yeux du monde. Quelquefois vous serez malade et assez malade même et vous paraîtrez bien portante, parce que le bon Dieu veut seul être témoin de ce qui se passera en vous. Vous verrez que vous vous comprendrez bien tous les deux.

Si vous êtes comme le bon Dieu le désire, que vous veilliez sérieusement sur vous, afin de ne laisser perdre aucune de ses grâces, il se communiquera à vous d'une manière toute particulière.

Vous faites de la peine au bon Dieu quand vous ne pensez pas à lui. Figurez-vous une réunion d'amis. Parmi eux, il y en a souvent un qu'on préfère, qui nous comprend mieux et pour lequel nous n'avons rien de caché. Eh bien ! si cet ami voit que nous ne fassions pas attention à lui, que nous ne lui adressions pas une parole, que, même pas un regard ne vienne lui dire qu'il est toujours l'ami préféré, il en ressentira de la peine. Voilà comme le bon Dieu est à votre égard. Il aime certainement beaucoup d'âmes, mais, je vous l'ai dit bien des fois, quoique vous ne le méritiez pas autant que bien d'autres, il vous aime pourtant particulièrement, et votre indifférence lui cause une peine d'autant plus sensible qu'il n'attend que l'amour réciproque de votre cœur pour vous inonder de grâces. Tout ce que vous faites le touche. Il aime que vous pensiez à lui, c'est-à-dire que, malgré vos occupations, vos pensées doivent être toujours pour lui avant tout. Avant de parler aux personnes à qui vous avez affaire, que toujours il ait votre premier regard ; en un mot, vous devez vivre et respirer pour lui seul : voilà son droit et il est le Maître d'agir comme il lui plaît.

12 Décembre. — Le bon Dieu désire qu'avant l'adoration perpétuelle vous la fassiez d'abord dans votre cœur ; vous me comprenez. Il faut aussi vous habituer à faire souvent la communion spirituelle. Vous en retirerez les fruits les plus abondants et les plus salutaires, si vous vous disposez bien.

30 Décembre. — Ne demandez jamais rien pour votre santé ; mais ne refusez pas ce qu'on vous donne. Il ne faut paraître en rien ridicule.

* * *

Janvier 1876. — Quand vous avez quelque chose à dire à votre Supérieure et que cela peut se remettre, ne vous empressez pas trop. Remettez à plus tard cette chose afin de vous modérer et de vous mortifier. Il faut préparer à Jésus une demeure dans votre cœur afin que, plus tard, il puisse, comme je vous l'ai déjà dit, venir s'y reposer. Il faut aussi vous disposer le mieux possible à la sainte communion. Pensez-y la veille et surtout le matin, dès votre réveil.

Vous devez aussi, non seulement préparer une demeure à Jésus, mais encore l'inviter. Car à quoi servirait de préparer un bel appartement à son ami, si on ne l'invite jamais à y entrer ? Invitez donc Jésus souvent par vos désirs et surtout par votre amour.

Il faut que vous deveniez tellement intérieure que vous ne perdiez jamais la présence de Jésus, même au plus fort de votre classe. Pour y arriver, veillez beaucoup sur votre intérieur.

Pour la grotte... le bon Dieu vous aidera et suppléera à tout ce que vous ne pouvez faire ; mais, si vous voulez lui faire plaisir, ne faites rien le dimanche. Priez-le le plus que vous pourrez, voilà tout.

Le bon Dieu désire plus tard faire de vous son appui et de votre cœur son sanctuaire !

FÉVRIER. — Oui, c'est vrai qu'au Ciel le bon Dieu reçoit des adorations infinies ; mais comme c'est sur terre qu'il est outragé, il veut aussi que ce soit sur terre qu'il en reçoive la réparation, et c'est vous qu'il veut qui fassiez cette réparation, en l'aimant, en le dédommageant par vos tendresses de l'abandon qu'il éprouve partout. Vous savez ce que je vous ai dit là-dessus.

(*Annonciation.*) — Quand le bon Dieu veut une âme toute à lui, il commence par la broyer, à peu près comme les pommes sous les meules d'un pressoir pour en exprimer le jus, dans ses passions, dans la recherche d'elle-même, en un mot, dans tous ses défauts ; puis, quand cette âme a été ainsi broyée, il la façonne à son gré et, si elle est fidèle, elle ne tarde pas à être toute transformée, et alors seulement le bon Jésus la comble de ses grâces de choix et l'inonde de son amour.

16 JUILLET. — L'Eucharistie doit être pour vous un aimant qui vous attire toujours de plus en plus. L'Eucharistie, en un mot, doit faire le mobile de votre vie tout entière.

28 AOUT. — N'ayez aucun désir, sinon d'aimer toujours le bon Dieu davantage et de vous unir à lui toujours de plus en plus. Vous devez tâcher de devenir chaque jour plus intérieure et plus unie à votre Jésus. Votre vie doit être une vie intérieure et d'union à Jésus par les souffrances de corps et d'esprit et surtout par l'amour.

Si vous voulez répondre aux desseins de Dieu par cette vie qu'il vous demande particulièrement, je ne saurais dire jusqu'à quel degré il vous veut sainte et unie à lui, quelles grâces il a à vous accorder !... Ces grâces, je vous en ai déjà dit quelques-unes, mais les autres... je ne les connais pas. Oh ! veillez beaucoup sur vous ! Il faut que votre seule vue, votre seule présence inspire la piété !

30 AOUT. — *Retraite.* — La Retraite sera faite pour tout le monde, c'est vrai, mais le bon Dieu permettra que tous les sermons soient en quelque sorte pour vous. Faites bien attention. Il faut que la Retraite vous fasse sainte !

C'est pour lui seul que le bon Dieu a fait votre cœur. Abandonnez-vous à Notre-Seigneur sans jamais regarder en avant et en arrière. Jetez-vous dans ses bras divins, contre son Cœur et puis, là, ne craignez rien.

Faites, chaque matin, à Notre-Seigneur une petite prière pour l'adorer dans toutes les églises où on le délaisse. Transportez-vous-y par la pensée et dites-lui alors combien vous l'aimez et voudriez le dédommager de l'abandon où on le laisse. Renouvelez cette intention plusieurs fois dans la journée. Vous ferez plaisir au bon Jésus.

Le bon Dieu désire que vous pensiez toujours à lui, que vous fassiez tout sous ses yeux divins, vos prières, votre travail ; en un mot, que vous ne le perdiez pas de vue, autant que possible. Mais tout cela doit être tranquille, sans affectation, qu'on ne le devine même pas : que votre Jésus seul sache ce qui se passe entre vous et lui. Ayez toujours les yeux baissés quand vous n'avez pas charge de veiller et alors faites-le quand même le plus modestement possible. N'ayez point de respect humain. Soyez toujours bien humble. Faites aimer le bon Dieu le plus que vous pourrez. Laissez passer ce qui passe, et passez vous-même dans la grande foule sans bruit ou, si vous êtes obligée de paraître, faites-le simplement et rapportez tout à Dieu, sans vous inquiéter si, après avoir tout fait pour lui faire plaisir, vos affaires réussissent ou ne réussissent pas !

N'ayez aucun désir, sinon d'aimer toujours le bon Dieu davantage.

A la fin de votre Retraite, prenez pour résolution de penser souvent à ce que je vais vous dire : Dieu seul ! Mon Dieu et mon tout !... Tout passe et passe vite !... Le tabernacle, c'est mon repos ; l'Eucharistie, c'est ma vie ; la croix, c'est mon partage ; Marie, c'est ma Mère ; le Ciel, c'est mon espoir.

Oui, cela fera plaisir au bon Dieu que vous ne preniez pas de beurre le matin avec votre pain.

20 Novembre. — Il ne faut jamais juger, examiner ce que font vos Sœurs. Vous ne répondrez pas d'elles et vous ne devez pas vous modeler non plus sur elles. Le bon Dieu ne demande pas à toutes la même perfection. Mortifiez-vous et n'examinez pas si les autres ne font pas ce que vous faites, car le bon Dieu ne l'exige pas.

Vous ne voulez jamais croire ce que je vous dis. Vous avez vu ce matin ce que le bon Dieu veut de vous puisqu'il vous a accordé ce que vous lui aviez demandé pour signe... Eh ! bien, oui, le bon Jésus veut que vous agissiez avec lui comme avec un ami le plus dévoué, le plus sincère, sans avoir peur aucunement. Il est vrai que sa majesté effraie et que vous êtes bien misérable pour oser communiquer avec votre Jésus aussi intimement, mais n'est-il pas le Maître d'enrichir celui qui est pauvre ! Demandez donc à ce bon Jésus qu'il vous rende riche en vertus comme il veut vous voir, mais en attendant continuez d'agir comme vous êtes inspirée. Dilatez votre cœur, car ce que Jésus veut y voir, c'est surtout l'amour. Que de grâces vous obtiendrez, si vous êtes fidèle !... Des grâces auxquelles vous n'avez jamais pensé !

NOEL 1876. — Il ne faut pas, quand vous avez quelque souffrance, vous plaindre à tout le monde ! Cela ne vous soulage point. Vous devriez le dire à Jésus le premier et, au contraire, c'est à lui souvent que vous le dites le dernier.

Oui, je suis beaucoup soulagée et je crois que le terme de mon exil n'est pas éloigné. Hélas ! si vous saviez ce que j'ai envie de voir le bon Dieu !... Mais il ne faut pas que personne le sache, excepté... et il faut que, parmi toutes ces choses surnaturelles, vous soyez si naturelle, si simple, que personne ne s'en aperçoive et ne puisse deviner de quoi il s'agit... De même pour le reste. Vous comprenez : effacez-vous le plus possible sans, pour cela, laisser ce que vous devez faire ; que tout soit simple ! Le bon Dieu veut tout seul savoir ce qui se passe dans votre intérieur.

JANVIER 1877. — Appuyez-vous tranquillement sur le Cœur adorable de votre Jésus. Dites-lui toutes vos peines comme à un ami. Il vous comprendra, mais ce que je vous ai dit pour le petit coin de son divin Cœur, il ne vous sera dévoilé que quand vous serez plus intérieure que vous ne l'êtes.

Ne vous faites pas de peine de toutes les tracasseries de votre classe. Je prie pour vous chaque jour, afin que vous ne perdiez pas la patience.

13 FÉVRIER. (Devant le Saint Sacrement.) — Voyez comme Jésus est seul ! Il pourrait pourtant en ce moment y avoir plus de monde, si on avait un peu plus de bonne volonté. Mais, que d'indifférence..., même parmi les âmes religieuses ! Notre-Seigneur y est très sensible. Au moins, aimez-le pour ces âmes injustes et le bon Jésus sera dédommagé de ce mépris.

12 MAI. — Mortifiez-vous pour le corporel et surtout pour le spirituel ! Oubliez-vous. Faites abnégation totale de vous-même. Ne regardez jamais ce que font les autres. Le bon Dieu ne demande pas de toutes les âmes la même perfection. Toutes ne sont pas éclairées des mêmes lumières ; mais vous, que Jésus éclaire, ne regardez jamais que lui ; que lui seul soit votre but pour tout !

Avant n'importe quelle action, voyez et examinez si vous allez lui plaire, et c'est tout pour vous. Son regard, son amour et son bon plaisir doivent vous suffire. Une indifférence, un manque d'égards de votre part le blesse, tandis qu'au contraire un souvenir habituel de sa sainte présence, une petite élévation, un regard, une petite attention pour lui lui font plaisir et il y est sensible.

Veillez sur votre intérieur et ne perdez aucune des grâces du bon Dieu. Ne faites pas grand cas de votre corps. Oubliez-vous volontiers. Remettez-vous avec simplicité entre les bras de Jésus et il ne vous laissera pas dans l'embarras. Seulement, ayez une confiance sans bornes en sa bonté. Si vous saviez quelle est sa puissance, mettriez-vous ainsi des bornes à son pouvoir ? Que ne peut-il pas pour une âme qu'il aime ?

13 Décembre. — Ne cherchez pas dans vos actions à faire plaisir à personne sinon au bon Dieu. C'est pour lui que vous devez tout faire, sans respect humain, sans jamais vous lasser ; et puis vous savez ce que Notre-Seigneur vous a recommandé 25 fois par jour. Si vous aimez le bon Dieu véritablement, il ne vous refusera, à ces moments-là, rien de tout ce que vous lui demanderez... Oui, vous êtes misérable, c'est vrai, humiliez-vous, mais Jésus n'accorde pas toujours ses grâces aux plus saints.

Préparez-vous toujours avec grand soin à la sainte communion, à la confession, à l'office divin ; en un mot à tout ce qui tend à une union plus grande à Notre-Seigneur.

...Pourtant il devrait vous être bien moins difficile qu'à bien d'autres de voir Jésus toujours présent dans votre cœur ; après les grâces qu'il vous fait à ce sujet, vous ne devriez pas avoir de peine à vous recueillir !

Je vous ai déjà dit que le bon Dieu cherche par le monde des âmes qui l'aiment, mais de cet amour d'enfant, de cette tendresse respectueuse, il est vrai, mais cordiale. Eh bien, il ne trouve pas de ces âmes ! Le nombre en est plus petit que l'on croit. On restreint trop le Cœur du bon Dieu. On considère trop grand le bon Jésus pour pouvoir l'aborder et l'amour qu'on a pour lui est froid. Le respect à la fin dégénère en une certaine indifférence. Je sais que toutes les âmes ne sont pas capables de comprendre cet amour que Notre-Seigneur demande ; mais vous, à qui Jésus l'a fait comprendre, dédommagez-le de cette indifférence, de cette froideur. Demandez-lui qu'il élargisse votre cœur pour contenir beaucoup d'amour. Par vos tendresses et par les respectueuses familiarités que Jésus vous permet, vous pouvez réparer ce qu'il n'est pas donné à tous de comprendre. Faites-le et surtout aimez beaucoup !

Ne vous lassez jamais du travail ! Recommencez chaque jour comme si vous n'aviez encore rien fait ! Ce renoncement perpétuel à sa volonté et à ses aises, à sa manière de voir, est un long martyre bien méritoire et bien agréable au bon Dieu.

Le bon Dieu vous veut exceptionnelle, non pas à l'extérieur, mais à l'intérieur. Il demande de vous une si grande union qu'il faut que vous arriviez à ne le perdre jamais de vue, même au plus fort de vos occupations.

* * *

1878 (*Retraite*. Août). — Les grands pécheurs et ceux qui sont restés presque toute leur vie éloignés de Dieu par indifférence, ainsi que les Religieuses qui ne sont pas ce qu'elles devraient être sont dans le grand Purgatoire ; et là, les prières qu'on fait pour ces âmes ne leur sont point appliquées. Elles ont été indifférentes pendant leur vie pour le bon Dieu. A son tour, il est indifférent pour elles et il les laisse dans une espèce d'abandon, afin qu'elles réparent ainsi leur vie qui a été nulle.

Ah ! vous ne pouvez pas vous figurer ni vous représenter, étant encore sur la terre, ce qu'est le bon Dieu ! Mais nous, nous le savons et le comprenons, car notre âme est dégagée de tous les liens qui la retenaient et l'empêchaient de comprendre la sainteté, la majesté du bon Dieu, sa grande miséricorde. Nous sommes martyres, nous fondons d'amour, pour ainsi parler. Une force irrésistible nous pousse vers le bon Dieu comme étant notre centre et, en même temps, une autre force nous repousse vers le lieu de notre expiation. Nous sommes, dans cet état, pressurées par l'impossibilité de satisfaire nos désirs. Oh ! quelle peine !... Mais nous la méritons et il n'y a pas de murmure ici. Nous voulons ce que veut le bon Dieu. Seulement, on ne peut comprendre sur la terre ce que nous endurons.

Oui ! je suis bien soulagée. Je ne suis plus dans le feu. Je n'ai plus que le désir insatiable de voir le bon Dieu, souffrance bien cruelle encore !... Mais je sens que j'approche du terme de mon exil, du lieu où j'aspire de tous mes vœux. Je m'en aperçois bien. Je me sens peu à peu dégagée ; mais, vous dire quel jour et quand, je ne le sais pas. Le bon Dieu seul le sait. Peut-être ai-je encore des années à désirer ainsi le Ciel. Continuez toujours à prier, et je vous le rendrai plus tard, quoique je prie déjà beaucoup pour vous.

Oh ! qu'elles sont grandes les miséricordes du bon Dieu sur vous ! Qui peut les comprendre ? Pourquoi le bon Jésus agit-il ainsi envers vous ? Pourquoi vous aime-t-il plus que bien d'autres ? Pourquoi a-t-il encore d'aussi grandes grâces à vous accorder ? Est-ce parce que vous le méritez ? Non !... Et même bien moins que bien d'autres âmes ! Mais il veut agir ainsi envers vous ; il est le maître de ses grâces. Soyez donc bien reconnaissante. Tenez-vous toujours en esprit à ses pieds divins et laissez-le faire. Veillez beaucoup sur votre intérieur. Soyez bien fidèle à examiner ce qui peut faire plaisir à votre Jésus. N'ayez d'yeux, de cœur, d'amour, que pour lui ! Consultez-le toujours avant toute chose. Abandonnez-vous à son bon plaisir ; et puis, soyez tranquille. Tout ce que je vous ai dit s'accomplira ; n'y mettez point d'obstacle ! C'est le bon Jésus qui le veut ainsi.

Les personnes qui se perdent, c'est uniquement parce qu'elles le veulent à tout prix. Car, pour arriver à cette extrémité, il a fallu qu'elles repoussent des milliers de grâces et de bonnes inspirations que le bon Dieu leur a envoyées. C'est donc leur propre faute !

* * *

Quand j'y serai, je vous le dirai ; mais je pense que les grandes fêtes du Ciel se célèbrent par un redoublement d'extase, d'admiration, d'action de grâces et surtout d'amour.

Mais, pour ce que je vous dis là, il faut que vous soyiez arrivée à une si grande union avec le bon Dieu que rien ne vous trouble : peines, joies, succès, insuccès, bonne ou mauvaise grâce. Il faut que rien de tout cela ne vous impressionne tant soit peu, mais que Jésus domine tout en vous, que vous ayez sans cesse l'œil intérieur attaché sur lui pour surprendre ses moindres désirs.

Pour vous, qu'est-ce que Jésus n'a pas fait ? Que ne fera-t-il pas encore ? Composez bien votre extérieur ; mais, pour l'intérieur, c'est autre chose, vous savez. Ne vous occupez uniquement que de ce qui vous regarde ; baissez les yeux partout. Parlez peu et bas ; mais entretenez-vous toujours avec votre Jésus. Non ! vous ne le fatiguez pas ; c'est ce qu'il attend de vous. Soyez bonne pour les enfants. Ne les brusquez pas. Soyez ingénieuse à vous mortifier, à briser votre volonté. Prévenez les personnes qui vous plaisent un peu moins que les autres, quelque tort qu'elles aient envers vous, et cela, pour faire abnégation de vous ; Jésus sera content. Qu'est-ce que le reste peut vous faire ? C'est là, pour cette chose, qu'il faudra faire taire le moi humain ; mais, il faut obéir à Jésus qui le veut et ne pas mettre en avant son amour-propre, mais faire tout ce qui plaît à Jésus les yeux fermés.

Pourquoi, quand je prie pour vous, le fais-je avec moins de ferveur que pour d'autres et que, souvent, je vous oublie ? — R... Ne vous en faites pas de peine ; c'est le bon Dieu qui le permet ainsi ; et encore, c'est une espèce de punition pour moi. Si vous priiez davantage, je n'en serais pas plus soulagée pour cela. Le bon Dieu le veut ainsi. S'il veut que vous priiez plus, il vous l'inspirera.

Je vous répète encore de ne pas avoir peur de moi. Vous ne me verrez pas dans les souffrances. Plus tard, quand vous serez plus forte d'âme, vous verrez des âmes du Purgatoire, et de bien vilaines ! Mais n'y pensez pas pour vous effrayer. Le bon Dieu vous donnera alors la hardiesse nécessaire et tout ce qu'il faudra pour accomplir sa sainte volonté.

N'est-ce point en punition ? — R... Mais non ! J'y suis pour mon soulagement et pour votre sanctification. Si vous vouliez faire un peu plus attention à ce que je vous dis...

— C'est vrai, mais je trouve ces choses si surprenantes que je ne sais que croire de tout cela ! Ce n'est pas ordinaire de vous entendre ainsi ! — R... Je comprends bien votre embarras. Je sais vos peines à ce sujet ; mais, puisque le bon Dieu le permet et que cela me soulage, vous voulez bien avoir pitié de moi, n'est-ce pas ? Quand je serai délivrée, vous verrez que je vous rendrai plus que vous ne m'aurez fait. Je prie déjà beaucoup pour vous.

Où est Sœur... ? — Dans le grand Purgatoire où elle ne reçoit de prières de personne. Le bon Dieu est souvent contrarié à la mort de beaucoup de Religieuses (si on peut parler ainsi), parce qu'il avait appelé à lui ces âmes, afin qu'elles le servissent fidèlement sur la terre et qu'elles allassent, après leur mort, immédiatement le glorifier au Ciel... Et il arrive au contraire, par leur infidélité, qu'elles restent longtemps dans le Purgatoire, beaucoup plus longtemps que les personnes du monde qui n'ont pas eu tant de grâces !

* * *

1879. (*Retraite.* SEPTEMBRE.) — Nous voyons saint Michel, comme on voit les Anges ; il n'a pas de corps. Il vient en Purgatoire chercher toutes les âmes qui sont purifiées, car, c'est lui qui les conduit au Ciel. Oui, c'est vrai, il est parmi les Séraphins, comme l'a dit Monseigneur. C'est le premier Ange du Ciel. Nos Anges gardiens viennent aussi nous voir, mais saint Michel est bien plus beau qu'eux ! Pour la sainte Vierge, nous la voyons avec son corps. Elle vient au Purgatoire à ses fêtes et elle s'en retourne au Ciel avec beaucoup d'âmes. Pendant qu'elle est avec nous, nous ne souffrons pas ; saint Michel l'accompagne, mais, quand il est seul, nous souffrons comme à l'ordinaire.

Quand je vous ai parlé du grand et du deuxième Purgatoire, c'était pour vous faire comprendre. J'ai voulu dire par là qu'il y a différents degrés dans le Purgatoire. Ainsi, j'appelle grand Purgatoire l'endroit où sont les âmes les plus coupables, où je suis restée deux ans sans pouvoir donner aucun signe de mes tourments, puis l'année où vous m'avez entendue me plaindre : vous savez que j'y étais encore quand j'ai commencé à vous parler.

Dans le deuxième Purgatoire, qui est toujours le Purgatoire, mais pourtant différent du premier, on souffre beaucoup aussi, mais moins que dans le premier Purgatoire ; enfin il y a un troisième endroit, qui est le Purgatoire de désir. Il n'y a pas de feu. Là sont les âmes qui n'ont pas assez désiré le Ciel, qui n'ont pas assez aimé le bon Dieu. J'y suis en ce moment ; et dans ces trois Purgatoires, il y a encore bien des degrés. Au fur et à mesure qu'une âme se purifie, elle ne souffre plus les mêmes tourments. Tout est proportionné aux fautes qu'elle a à expier.

Allez-vous vous secouer maintenant et vous donner tout de bon au bon Dieu ? Depuis le temps que je vous tourmente pour cela.

La Retraite a été bonne, elle portera ses fruits ; le diable n'a pas été content.

Le bon Dieu aime bien le Père qui vous a fait la Retraite.

Dites au bon Père que je le remercie pour le Memento qu'il vous a promis de faire pour moi à la sainte Messe. De mon côté, je ne serai pas ingrate ; je prierai le bon Dieu de lui accorder les grâces dont il a besoin.

Vous avez bien fait de lui dire, ce soir, tout ce que je vous ai dit. C'est saint Michel qui vous l'a envoyé ; la Communauté en a profité, mais ce qui est certain, c'est que c'est surtout pour vous qu'il est venu ici. Saint Michel, que vous aimez et qui vous protège depuis longtemps, a voulu que ce soit un de ses Missionnaires qui sache tout ce que je vous ai dit. Le bon Dieu a des desseins là-dedans. Vous les connaîtrez plus tard. Vous pourrez aussi plus tard lui donner des nouvelles plus précises sur saint Michel.

Vous me demandez si le Père P. est agréable au bon Dieu. Voici ce que vous lui direz : qu'il continue à agir comme il l'a fait jusqu'ici ; il est agréable au bon Dieu et ce que le bon Dieu aime le plus en lui, c'est sa grande pureté d'intention et son esprit intérieur, sa bonté pour les âmes. Dites-lui qu'il continue à s'unir de plus en plus au Cœur de Jésus. Plus son union sera intime, plus ses actions et sa vie entière seront méritoires pour le Ciel et profitables aux âmes. Je n'attends pas de lui une perfection ordinaire. Qu'il recommande dans les Missions et Retraites l'offrande des actions de la journée, car, dans le monde et même dans les Communautés, on n'y pense pas toujours assez, et il arrive ainsi que beaucoup d'actions, bonnes en elles-mêmes, n'auront pas la récompense au dernier jour, parce qu'elles n'ont pas été offertes au bon Dieu avant de les accomplir. Qu'il ne perde jamais courage, s'il voit que ses efforts ne réussissent pas au gré de ses désirs ; qu'il pense que le bon Dieu est heureux et satisfait de ses travaux, quand il n'aurait mis dans les cœurs que pour un quart d'heure seulement un peu d'amour !...

Ce que je vous ai dit là, le bon Dieu me l'a fait connaître, parce qu'il ne vous a pas mal reçue quand vous lui avez parlé l'autre jour. Faites ce qu'il vous a dit. Écrivez-lui tout ce que vous savez par moi. N'oubliez rien et profitez de tous les conseils qu'il vous donnera à ce sujet. C'est le bon Dieu, je vous l'ai déjà dit, qui l'a envoyé. Il a de grands desseins en agissant ainsi à votre égard. Soyez bien fidèle à toutes les grâces que le bon Jésus vous fait. Si, plus tard, comme je l'espère, le bon Dieu me fait connaître autre chose pour votre Père, je vous le dirai. Remerciez-le encore pour ses prières et dites-lui que je ne serai pas ingrate. Je prierai pour lui comme pour vous à présent.

* * *

Pensez que le bon Dieu veut que vous deveniez une Sainte. Vous pourrez dire que ce n'est pas tout d'un coup, car, depuis combien de temps votre Jésus ne vous poursuit-il pas et moi aussi! Pourtant, il est temps, et il faut cette fois vous y mettre tout de bon ; vous l'avez vu particulièrement pendant cette Retraite. Ne mettez point d'obstacle à la grâce ; laissez-vous conduire par le bon Dieu comme il l'entend. Mais surtout ne résistez à aucune de ses inspirations. Mettez la nature et le moi de côté ; puis débarrassée de ce fardeau, marchez toujours sans jamais vous lasser. Priez bien pour moi, afin que je sois bientôt à l'objet de mes si longs et si grands désirs ! Je vous serai encore plus utile au Ciel qu'ici. Vous avez eu une bonne pensée, le jour de la clôture de la Retraite, de m'inviter à adorer Jésus présent dans votre cœur pendant votre action de grâces. Si vous l'eussiez fait jusqu'ici, j'en aurais eu plus de soulagement. Faites-le à présent et aussi avant toutes vos prières ; puis, offrez un peu de votre travail pour moi. J'ai une si grande envie de voir le bon Dieu !

Oui, les petits cahiers plaisent beaucoup au bon Dieu. C'est le moyen le plus court d'arriver à une grande perfection et à une union intime avec Jésus.

J'attends, il y a longtemps, un peu plus d'amour dans tout ce que vous faites. Plus une âme aime Jésus, plus ses prières et ses actions sont méritoires devant lui. Il n'y aura que l'amour seul de récompensé au Ciel. Tout ce qui sera fait dans une autre intention sera nul et, par conséquent, perdu. Aimez donc une bonne fois Jésus, comme il l'entend. J'en éprouverais un grand soulagement.

Le bon Dieu est-il un peu plus content de moi ces jours-ci ? — R... Oui, il est content de vous parce que vous cherchez

davantage à lui faire plaisir. Avez-vous remarqué sa bonté ?
Avez-vous vu son attention pour vous ? Ne vous a-t-il pas fait
plaisir aussi, ces jours ? Eh bien, voilà comme il agira toujours
envers vous. Plus vous ferez pour lui, plus il fera pour vous.
Je suis si heureuse de voir que vous voulez réellement aimer
le bon Dieu et travailler à votre perfection que, s'il fallait rester
un peu plus longtemps en Purgatoire, je le ferais volontiers,
si je savais que, par cette souffrance, j'obtiendrais que vous
arrivassiez à l'état où le bon Dieu veut vous voir pour accomplir
ses desseins.

Ne regardez jamais en arrière pour examiner trop votre
conduite. Remettez-la tout entière entre les mains du bon Dieu
et marchez toujours de l'avant.

Votre vie doit se résumer en deux mots : sacrifice, amour !
Sacrifice du matin au soir, mais aussi, en même temps, amour !

Si vous saviez ce qu'est le bon Dieu ! Il n'y a pas de sacrifice
que vous ne voulussiez faire, de souffrance que vous ne voulussiez
endurer pour le voir une minute seulement et alors vous vous
trouveriez bien satisfaite, bien consolée, quand même vous ne
devriez plus le voir jamais ! Que sera-ce donc pour toute une
éternité !

Pour vous, il n'y a pas de milieu. Certaines âmes s'y sauveront ;
mais vous, ou vous serez une grande Sainte, ou une grande péche-
resse ; choisissez. Vous souvenez-vous qu'un jour, pendant une
de vos premières Retraites, il y a longtemps, vous fûtes très
touchée de ce passage : il y a des âmes pour lesquelles il n'y a
pas de milieu ? Ou elles seront des anges ou des démons.
Appliquez-vous-la. Vous avez bien reconnu depuis que c'était
pour vous !

* * *

13 Août. — J'ai bien des choses à vous dire que vous seule
et le Père comprendrez. Avez-vous pensé à remercier le bon
Dieu de vous l'avoir envoyé ? Priez pour lui tous les jours.

Quel est le meilleur moyen de glorifier saint Michel ? —
R... Le moyen le plus efficace de le glorifier au Ciel et sur la
terre est de recommander le plus possible la dévotion aux âmes
du Purgatoire et de faire connaître la grande mission qu'il
remplit auprès des âmes souffrantes. C'est lui qui est chargé
par Dieu de les porter dans le lieu d'expiation et de les intro-
duire, après leur satisfaction, dans l'éternel séjour. Chaque fois
qu'une âme vient augmenter le nombre des élus, le bon Dieu
est glorifié par elle et cette gloire rejaillit, en quelque sorte,
sur le glorieux ministre du Ciel. C'est un honneur pour lui de
présenter au Seigneur des âmes qui vont chanter ses miséricordes
et unir leur reconnaissance à celle des élus pour toute une
éternité. Je ne puis vous faire comprendre tout l'amour qu'a
le céleste Archange pour son divin Maître et celui qu'à son tour
Dieu a pour saint Michel, comme aussi l'amour, la grande pitié
que le saint Archange nous porte. Il nous encourage dans nos
souffrances, en nous parlant du Ciel. Dites au Père que, s'il veut
faire plaisir à saint Michel, il recommande instamment la dévotion

aux âmes du Purgatoire. On n'y pense pas dans le monde. Quand on a perdu ses parents et ses amis, on fait quelques prières, on pleure quelques jours ; puis, c'est fini ! Les âmes sont abandonnées ; il est vrai qu'elles le méritent, parce qu'elles n'ont pas, sur la terre, prié pour les défunts, et le divin Juge ne nous donne dans l'autre monde que ce que nous avons fait en celui-ci. Les personnes qui ont oublié les âmes souffrantes sont oubliées à leur tour, c'est juste, mais si on leur avait inspiré de prier pour les défunts, qu'on leur eût fait connaître un peu ce que c'est que le Purgatoire, peut-être auraient-elles agi différemment.

Quand le bon Dieu le permet, nous pouvons communiquer directement avec l'Archange à la manière dont les esprits et les âmes communiquent ensemble.

Comment fête-t-on saint Michel en Purgatoire ? — R... Le jour de sa fête, saint Michel est venu au Purgatoire et est retourné au Ciel avec beaucoup d'âmes, surtout celles qui lui avaient été dévotes pendant leur vie.

Quelle gloire saint Michel reçoit-il de sa fête de la terre ? Quand on fait la fête d'un Saint sur la terre, il en reçoit au Ciel une gloire accidentelle. Même, quand on ne le fêterait pas, en mémoire de quelque action héroïque qu'il a faite en sa vie ou de la gloire du bon Dieu qu'il a procurée en quelque occasion en mémoire de cela, il a également au Ciel une récompense spéciale à cette époque ; cette récompense consiste en un redoublement de gloire accidentelle jointe à celle que lui procure la mémoire que l'on fait de lui sur la terre. La gloire accidentelle que reçoit l'Archange est supérieure à celle des autres Saints, car cette gloire dont je vous parle est proportionnée à la grandeur du mérite de celui qui la reçoit, comme aussi à la valeur de l'action qui a mérité cette récompense.

Connaissez-vous les choses de la terre ? — R... Je ne les connais qu'autant que le bon Dieu le veut et ma connaissance est restreinte. J'ai connu quelque chose de la Communauté, mais c'est tout. Je ne sais pas ce qui se passe dans les âmes des autres personnes, excepté pour vous seule ; et cela, c'est le bon Dieu qui le permet pour votre perfection. Ce que je vous ai dit quelquefois pour certaines personnes particulières et vous dirai encore, le bon Dieu me le fait connaître dans le moment ; mais, hors cela, je ne sais rien autre chose. Certaines âmes ont des connaissances plus étendues que moi. Tout cela se proportionne au mérite. Ainsi, pour les parents de votre père, je ne sais pas en ce moment la volonté du bon Dieu sur eux... Peut-être la saurai-je plus tard ? Je l'ignore. Je prierai le bon Dieu pour eux et les recommanderai à saint Michel.

* * *

Pour les degrés du Purgatoire, je puis vous le dire, puisque j'y ai passé. Dans le grand Purgatoire, il y a différents degrés. Dans le plus bas et le plus souffrant, qui est un enfer momentané, y sont les pécheurs qui ont fait des crimes énormes pendant leur vie et que la mort a surpris en cet état, sans leur donner le temps de se reconnaître à peine. Ils ont été sauvés comme par miracle, souvent par les prières de parents pieux ou d'autres personnes. Quelquefois même ils n'ont pu se confesser et le monde les croit perdus, mais le bon Dieu, dont la miséricorde est infinie, leur a donné, au moment de la mort, la contrition nécessaire pour être sauvés, en vue d'une ou de quelques actions qu'ils ont faites pendant leur vie. Pour ces âmes, le Purgatoire est terrible. C'est l'enfer, avec l'exception qu'en enfer on maudit le bon Dieu, tandis que dans le Purgatoire on le bénit et on le remercie de nous avoir sauvés. Ensuite viennent les âmes, qui, sans avoir commis de grands crimes comme les premières, ont été indifférentes pour le bon Dieu ; elles n'ont point, pendant leur vie, rempli le devoir pascal et, converties également à la mort, souvent n'ayant pas même pu communier, elles sont dans le Purgatoire en pénitence de leur longue indifférence, souffrant des peines inouïes, abandonnées, sans prières... ou, si on en fait pour elles, elles ne peuvent en profiter.

Puis enfin, il y a encore dans ce Purgatoire des Religieux et des Religieuses tièdes, oublieux de leurs devoirs, indifférents pour Jésus, des prêtres qui, n'ayant pas exercé leur ministère avec la révérence due à la Majesté souveraine, n'ont pas assez fait aimer le bon Dieu par les âmes qui leur étaient confiées.

J'ai été de ce degré.

Dans le deuxième Purgatoire se trouvent les âmes de ceux qui meurent coupables de péchés véniels non expiés avant la mort, ou bien de péchés mortels pardonnés, mais dont elles n'ont pas satisfait entièrement à la justice divine. Il y a aussi dans ce Purgatoire différents degrés suivant les mérites des personnes. Ainsi, le Purgatoire des personnes consacrées ou qui ont reçu plus de grâces est plus long et plus pénible que celui du commun du monde.

Enfin le Purgatoire de désir, qu'on appelle Parvis. Bien peu de personnes l'évitent ; il faut, pour l'éviter, avoir désiré ardemment le Ciel et la vue du bon Dieu, et c'est rare, plus rare qu'on ne le croit, car beaucoup de personnes, même pieuses, ont peur du bon Dieu et ne désirent pas avec assez d'ardeur le Ciel. Ce Purgatoire a son martyre bien douloureux comme les autres ; être privé de la vue du bon Jésus, quelle souffrance !

Vous connaissez-vous dans le Purgatoire ? — R... Oui, à la manière des âmes. Il n'y a plus de noms dans l'autre monde. Il ne faut pas comparer le Purgatoire et la terre. Quand l'âme est libre et débarrassée de son enveloppe mortelle, son nom est enseveli dans la tombe avec son corps. Je vous explique bien peu ce qu'est le Purgatoire et vous le comprenez par la lumière que le bon Dieu vous donne un peu plus que les autres. Mais, qu'est-ce que ce peu comparé à la réalité ? Nous sommes ici perdues dans la volonté du bon Dieu et, sur la terre, quelque saint qu'on soit on conserve toujours sa volonté propre. Pour nous, nous n'en avons plus. Nous connaissons et nous savons seulement ce qu'il plaît à Dieu de nous faire connaître et rien de plus.

* * *

Vous parlez-vous dans le Purgatoire ? — R... Les âmes communiquent entre elles quand le bon Dieu le permet à la manière des âmes, mais sans paroles...

... Oui, c'est vrai que je vous parle, mais êtes-vous un esprit ? Me comprendriez-vous, si je ne prononçais pas les paroles ?... Mais, pour moi, puisque le bon Dieu le veut ainsi, je vous comprends sans que vous prononciez les paroles avec les lèvres. Il y a pourtant communication des âmes, des esprits, même sans être mort. Ainsi, quand vous avez une bonne pensée, un bon désir, ils vous ont été communiqués souvent par votre bon ange ou par quelque autre Saint, quelquefois par le bon Dieu lui-même : voilà le langage des âmes.

Où est situé le Purgatoire ? Est-il dans un lieu restreint ? — R... Il est au centre de la terre proche de l'enfer (comme vous l'avez vu un jour après la sainte communion). Les âmes y sont dans un lieu restreint comparé à la multitude qui s'y trouve, puisqu'il y a des milliers et des milliers d'âmes, mais quelle place faut-il pour une âme ? Chaque jour, il en vient plusieurs milliers et la majeure partie y est de trente à quarante ans ; pour d'autres bien plus longtemps encore et pour d'autres moins. Je vous dis cela d'après les calculs de la terre, car, ici, c'est autre chose. Ah ! si on savait, si on connaissait le Purgatoire et quand on pense que c'est par sa faute qu'on y est ! J'y suis depuis huit ans. Il me semble qu'il y a dix mille ans !... Oh ! mon Dieu ! dites bien tout cela à votre Père !... Qu'il apprenne par moi ce qu'est ce lieu de souffrance, afin qu'il le fasse davantage connaître à l'avenir. Il pourra éprouver par lui-même combien la dévotion aux âmes du Purgatoire est profitable. Le bon Dieu accorde souvent plus de grâces par l'intermédiaire de ces âmes souffrantes que par celles des Saints eux-mêmes. Quand il voudra obtenir une chose plus sûrement, qu'il s'adresse de préférence aux âmes qui ont le plus aimé la sainte Vierge et que, par conséquent, cette bonne Mère désire délivrer, et il pourra vous dire s'il s'en trouve bien. — Il y a aussi quelques âmes qui ne séjournent pas dans le Purgatoire proprement dit. Ainsi, moi, je vous accompagne dans le jour partout où vous allez, mais quand vous reposez, la nuit, je souffre davantage ; je suis dans le Purgatoire. D'autres âmes font quelquefois leur Purgatoire aux endroits où elles ont péché, au pied des saints autels où le Saint Sacrement réside, mais, n'importe où elles sont, elles portent toujours leurs souffrances avec elles, pourtant un peu moins intenses que dans le Purgatoire lui-même.

Le Père a eu bien raison de vous dire de ne chercher jamais que la sainte volonté du bon Dieu dans tout ce que vous ferez. Ce sera pour vous le bonheur : voir sa volonté dans tout ce qui vous arrive, peines et joies. Tout vient de Jésus également. Oh ! soyez bonne, deux fois bonne, pour faire plaisir au bon Dieu, lui qui est si bon pour vous ! Ayez toujours les yeux de l'âme ouverts sur lui pour prévenir le moindre de ses désirs. Allez même au-devant, afin de lui faire plaisir. Plus vous chercherez à lui en faire, plus il vous en fera. Il ne se laissera pas vaincre en générosité, au contraire ! Il donne toujours plus qu'on ne donne. Soyez donc ingénieuse à vous dévouer [pour son amour et pour sa gloire.

* * *

L'Anglaise qui s'est noyée au Mont Saint-Michel est allée au Ciel directement. Elle a eu la contrition voulue au moment de la mort et en même temps le baptême de désir. Tout est arrivé ainsi par l'intervention de saint Michel. Heureux naufrage !

— Pour le Père qui s'est retiré, saint Michel n'en a pas été satisfait, mais le bon Dieu a laissé à chacun sa liberté. Il ne veut à son service que des personnes qui lui en fassent librement l'hommage sans jamais regarder en arrière.

— Dites au Père P. de la part du bon Dieu qu'il continue avec un grand courage tout ce qu'il a entrepris pour lui, mais qu'il soit prudent, c'est-à-dire, qu'il ne fasse pas plus que ses forces ne le comportent. Je prie pour toutes ses intentions, et aussi pour lui, je vous l'ai déjà dit, comme pour vous.

— Pie IX est allé droit au Ciel ; son Purgatoire était fait sur la terre.

Comment savez-vous que M. P. est allé droit au Ciel, puisque vous ne l'avez pas vu passer par le Purgatoire ? — R... C'est le bon Dieu qui me l'a fait connaître et c'est lui aussi, par sa bonté, qui permet que je sache ce que vous me demandez, quand je ne l'ai pas vu ou éprouvé par moi-même. La justice du bon Dieu nous retient au Purgatoire, c'est vrai, et nous le méritons, mais croyez bien que sa miséricorde et son cœur paternel ne nous y laissent pas sans aucune consolation. Nous désirons avec ardeur notre entière réunion à Jésus, mais lui la désire presque autant que nous. Sur la terre il se communique souvent d'une manière intime à certaines âmes (parce que peu veulent l'écouter) et il se plaît à leur dévoiler ses secrets. Les âmes qui reçoivent ses faveurs sont celles qui cherchent à lui être agréables en toute leur conduite et qui ne vivent et ne respirent que pour Jésus et pour lui faire plaisir. En Purgatoire, il y a des âmes bien coupables, mais repentantes et, malgré les fautes qu'elles ont à expier, elles sont confirmées en grâce et ne peuvent plus pécher : elles sont parfaites. Eh bien ! au fur et à mesure que l'âme se purifie dans le lieu d'expiation, elle comprend mieux Dieu ou, plutôt, Dieu et elle se comprennent mieux, sans pourtant se voir, car alors il n'y aurait plus de Purgatoire. Si nous ne connaissions pas plus le bon Dieu en Purgatoire que sur la terre, nos peines ne seraient pas si puissantes, notre martyre si cruel ; ce qui fait notre principal tourment, c'est l'absence de Celui qui est l'unique objet de nos si longs désirs !

Et quand une âme est destinée à avoir une plus belle place au Ciel, n'a-t-elle pas aussi en Purgatoire plus de grâces que bien d'autres ? — R... Oui, plus une âme est destinée à occuper un rang élevé au Ciel et, par cela même, à y mieux connaître son Dieu, plus aussi ses connaissances sont étendues et son union plus intime avec lui dans le lieu d'expiation. Tout ici se porportionne au mérite.

Les trois amis de V. P. sont au Ciel, il y a longtemps.
— Eh bien ! que sont devenues les prières que le Père P.
a faites pour eux ? — R... Les personnes qui sont au Ciel et pour
lesquelles on prie sur la terre peuvent disposer de ces prières
pour les âmes auxquelles elles désirent les appliquer. C'est un
souvenir bien doux pour les âmes de l'autre monde de voir que
des parents ou des amis ne les oublient pas sur la terre, quoiqu'elles
n'aient plus besoin de prières. En retour, elles ne sont pas
ingrates.

— Les jugements du bon Dieu sont bien différents de ceux
de la terre. Il a égard au tempérament, au caractère, à ce qui
est fait par légèreté ou par pure malice. Lui qui connaît le fond
des cœurs, il ne lui est pas difficile de voir ce qui se passe ; il est
bien bon, Jésus, mais pourtant bien juste aussi !

Quelle distance y a-t-il entre la terre que nous habitons et
le Purgatoire ? — R... Le Purgatoire est au centre du globe.
La terre elle-même n'est-elle pas un Purgatoire ? Parmi les
personnes qui l'habitent, les unes l'y font entièrement par la
pénitence volontaire ou acceptée : celles-là vont, après leur mort,
immédiatement au Ciel ; les autres l'y commencent, car la terre
est bien un lieu de souffrance, mais ces âmes, n'ayant pas assez
de générosité, vont finir leur Purgatoire de la terre dans le
Purgatoire réel.

Les morts subites et imprévues sont-elles une justice ou une
miséricorde du bon Dieu ? — R... Ces sortes de morts sont
quelquefois une justice et quelquefois une miséricorde. Quand
une âme est craintive et que Dieu sait qu'elle est préparée et
prête à paraître devant lui, pour lui épargner les frayeurs qu'elle
pourrait avoir au dernier moment, il la retire de ce monde par
une mort subite. Quelquefois aussi le bon Dieu prend les âmes
dans sa justice. Elles ne sont pas pour cela toutes perdues, mais
privées des derniers Sacrements ou les recevant à la hâte, sans
s'être préparées au dernier passage, leur Purgatoire est bien
plus douloureux et se prolonge davantage. D'autres, ayant
comblé la mesure de leurs crimes et étant restées sourdes à toutes
les grâces divines, le bon Dieu les enlève de la terre afin qu'elles
n'y excitent pas davantage sa vengeance.

Le feu du Purgatoire est-il un feu comme celui de la terre ?
— R... Oui, avec cette différence que le feu du Purgatoire est
un purificateur de la justice de Dieu et que celui de la terre
est bien doux, comparé à celui du Purgatoire. C'est une ombre
auprès des grands brasiers de la justice divine.

Comment donc une âme peut-elle brûler ? — R... Par une
juste permission du bon Dieu ; l'âme qui a été la vraie coupable,
puisque le corps n'a fait que lui obéir (car quelle malice voyez-
vous faire à un corps mort ?), l'âme souffre comme si c'était
le corps qui souffrît.

* * *

Dites-moi, que se passe-t-il à l'agonie et après ? L'âme se
trouve-t-elle à la lumière ou dans les ténèbres ? Sous quelle
forme se prononce la sentence ? — R... Je n'ai pas eu d'agonie,

vous le savez, mais je puis vous dire qu'à ce dernier moment décisif le démon déploie toute sa rage autour des mourants. Le bon Dieu, pour donner plus de mérite aux âmes, permet qu'elles subissent ces dernières épreuves, ces derniers combats : les âmes fortes et généreuses, afin d'avoir encore une plus belle place au Ciel, ont souvent, à la fin de leur vie et dans les transes de la mort, de ces luttes terribles contre l'ange des ténèbres (vous en avez été témoin), mais elles sortent victorieuses. Le bon Dieu ne souffre pas qu'une âme qui lui a été dévouée pendant sa vie périsse en ces derniers moments. Les personnes qui ont aimé la sainte Vierge, qui l'ont invoquée toute leur vie, reçoivent d'elle beaucoup de grâces dans les dernières luttes. Il en est encore de même pour celles qui ont été dévouées à saint Joseph, à saint Michel ou à quelque autre Saint. C'est alors surtout, comme je vous l'ai dit déjà, qu'on est heureux d'avoir un intercesseur près de Dieu dans ce pénible moment. Il y a des âmes qui meurent tranquilles, sans rien éprouver de ce que je viens de dire. Le bon Dieu a ses desseins en tout : il fait ou permet tout pour le bien particulier de chacun.

Comment vous dire et vous décrire ce qui arrive après l'agonie ? Il n'est pas possible de le bien comprendre sans y avoir passé. Je vais essayer pourtant de vous l'expliquer de mon mieux. L'âme, en quittant son corps, se trouve toute perdue, tout investie (si je puis ainsi parler) par Dieu. Elle se trouve dans une telle clarté qu'en un clin d'œil elle aperçoit sa vie entière et, d'après cela, ce qu'elle mérite. C'est elle-même au milieu de cette vue si claire qui prononce sa sentence. L'âme ne voit pas le bon Dieu, mais elle est anéantie par sa présence. Si c'est une âme coupable comme je l'étais et, par conséquent, qui a mérité le Purgatoire, elle est tellement écrasée sous le poids de ses fautes qui restent à effacer qu'elle se plonge d'elle-même dans le Purgatoire. C'est alors seulement qu'on comprend le bon Dieu, son amour pour les âmes et quel malheur est le péché aux yeux de sa Majesté divine. Saint Michel se trouve là quand l'âme quitte son corps ; c'est lui seul que j'ai vu et que voient toutes les âmes. Il est comme le témoin et l'exécuteur de la justice divine. J'ai vu aussi mon ange gardien. C'est afin de vous faire comprendre comment on peut dire que saint Michel porte les âmes au Purgatoire..., car une âme ne se porte pas, mais pourtant c'est vrai, en ce sens qu'il est là, présent à l'exécution de la sentence. Tout ce qui se passe en l'autre monde est un mystère pour le vôtre.

Et quand c'est une âme qui va droit au Ciel ? — R... Pour cette âme, son union commencée avec Jésus se continue à la mort : voilà le Ciel, mais l'union du Ciel est bien plus intime que celle de la terre.

* * *

Pourquoi avez-vous agi ainsi avec le bon Dieu aujourd'hui ? Il n'est pas content de votre conduite, lui qui est si bon pour vous ; c'est de l'ingratitude de votre part. Et pourquoi examinez-vous la conduite des autres ? Occupez-vous seulement de la vôtre : cela suffit. Tout le monde n'a pas la même tête et, si vous eussiez dû la perdre depuis sept ans que je vous parle, après toutes les peurs que vous avez eues, il y a longtemps que ce serait arrivé. Rassurez-vous donc et ne recommencez jamais à agir comme aujourd'hui !

Vous avez bien raison de ne pas aimer les extases. Il faut bien les accepter quand le bon Dieu les envoie, mais il ne veut pas qu'on les désire. Ce ne sont pas ces choses-là qui conduiront au Ciel. Une vie mortifiée, humble, est plus à désirer et est beaucoup plus sûre. Il est vrai que plusieurs Saints ont eu des révélations et des extases, mais c'était une récompense que le bon Dieu leur donnait après de longs combats et une vie de renoncement, ou encore parce qu'il voulait se servir d'eux pour de grandes choses en vue de sa gloire ; et tout cela se faisait sans bruit, sans éclat, dans le silence de l'oraison, et, quand ils étaient découverts, ils étaient tout honteux et n'en parlaient que par obéissance.

Le bon Dieu vous a broyée par le passé, mais prenez patience et soyez bien courageuse car il vous broiera encore dans l'avenir.

Dites à Mère Supérieure que si elle rencontre jamais des âmes du caractère et du tempérament de Sœur X... qu'elle y fasse attention et qu'elle n'écoute pas tout ce qu'elles voudraient bien lui dire.

Pour ce que vous me dites, tranquillisez-vous. Voici comment on peut connaître qu'une grâce vous est donnée par le bon Dieu. Ces grâces vous arrivent et fondent sur vous comme une ondée d'eau qui vous surprend au milieu d'un beau jour, alors que le Ciel paraît presque serein. On ne doit pas craindre alors de les avoir recherchées, on n'y pensait pas. Vous avez remarqué cela plusieurs fois. C'est bien différent des grâces que l'on croit données par Jésus et qui ne sont que le fruit d'une imagination qui a beaucoup travaillé pour les produire. Celles-là seraient à craindre, parce que le démon se met souvent de la partie et profite d'un cerveau faible, d'un tempérament mou, d'un jugement pas trop sain ; alors, il illusionne ces pauvres âmes qui, du reste, ne pèchent pas, pourvu qu'elles se soumettent aux avis des personnes qui les dirigent, et je puis vous dire qu'il y en a beaucoup dans le monde de ce temps-ci. Le démon agit de la sorte afin de faire tourner la religion en ridicule ! Peu de personnes aiment le bon Dieu comme il l'entend. Elles se recherchent en croyant chercher le bon Dieu et rêvent d'une sainteté qui n'est pas la vraie !

Dites-moi donc en quoi consiste la vraie sainteté ? — R... Vous le savez bien ; mais, puisque vous le désirez, je vais vous le répéter, car je vous l'ai déjà dit plusieurs fois : la vraie sainteté consiste à se renoncer du matin au soir, à vivre de sacrifice, à savoir mettre constamment de côté le moi humain, à se laisser travailler par le bon Dieu comme il l'entend, à recevoir les grâces qui nous viennent de sa bonté avec une profonde humilité, s'en reconnaissant indigne, à se tenir le plus possible en la sainte présence du bon Dieu, à faire toutes ses actions sous son regard divin, ne cherchant que lui pour témoin de ses efforts et pour son unique récompense, et toutes les autres choses que je vous ai déjà dites. C'est la sainteté voulue et exigée par Jésus des âmes qui veulent être uniquement à lui et vivre de sa vie. Le reste n'est qu'illusion.

* * *

Certaines âmes font leur Purgatoire sur la terre par la souffrance, d'autres par l'amour, car l'amour a bien aussi son martyre. L'âme qui cherche véritablement à aimer Jésus trouve, malgré ses efforts, qu'elle ne l'aime pas au gré de ses désirs, et c'est pour cette âme un martyre perpétuel, causé uniquement par l'amour et qui n'est pas sans grandes douleurs ! C'est, comme je vous l'ai dit, un peu l'état d'une âme du Purgatoire qui s'élance sans cesse vers Celui qui est son unique désir et qui s'en trouve en même temps repoussée, parce que son expiation n'est pas achevée.

Demandez à Mère Supérieure de relire ce que je vous dis de temps en temps à la place de votre lecture. Prenez un jour la semaine, le jeudi par exemple, car à quoi sert d'écrire, si vous ne relisez jamais ? Vous l'oubliez à la fin et ce n'est pas pour cela que je vous le dis, c'est afin que vous en profitiez.

Si je n'avais parlé à personne de ce que vous me dites depuis que je vous entends, qu'en serait-il résulté ? Vous savez que j'avais grande envie de garder tout pour moi seule ! — R... Vous étiez libre de tout garder pour vous seule, mais si vous n'en eussiez pas parlé, je vous aurais conseillé de le faire, parce que le bon Dieu n'a jamais permis que la perfection de personne vienne directement du Ciel. Comme elle habite la terre, il veut que ce soit sur la terre qu'elle achève de se perfectionner d'après les conseils qu'il permet qu'on lui donne à cet effet. Vous avez donc bien fait de confier ce qui vous coûtait tant à dire. Du reste, tout cela ne vient pas de vous et le bon Dieu, qui dirige tout pour le bien de ceux qu'il aime, sait en même temps en tirer sa gloire.

NOVEMBRE-DÉCEMBRE 1879. — La belle-sœur de... est dans le Purgatoire où elle souffre beaucoup. Le Rév. Père peut la soulager en offrant pour elle le saint Sacrifice de la Messe.

Le vieux pécheur a été sauvé par la miséricorde du bon Dieu, comme tant d'autres. Il est dans le grand Purgatoire.

Le jour et l'octave des Morts apportent-ils dans le Purgatoire une joie et de nombreuses délivrances ? — R... Le jour des Morts, beaucoup d'âmes quittent le lieu d'expiation pour le Ciel et, par une grande grâce du bon Dieu, ce jour-là seul toutes les âmes souffrantes, sans exception, ont part aux prières publiques de la sainte Eglise, même celles du grand Purgatoire. Cependant, le soulagement de chaque âme est proportionné à son mérite. Les unes reçoivent plus, les autres moins. Pourtant toutes se ressentent de cette grâce exceptionnelle. Beaucoup de pauvres âmes souffrantes ne reçoivent, par une justice de Dieu, que ce seul soulagement pendant les longues années qu'elles passent dans le Purgatoire. Ce n'est pourtant pas le jour des Morts qu'il monte le plus d'âmes au Ciel, c'est la nuit de Noël.

* * *

Il y a bien des choses que je pourrais vous dire, mais je n'en ai pas la permission. Il faut que ce soit vous qui m'interrogiez. Alors, je puis vous répondre. Je suis bien soulagée par les bonnes prières du Rév. Père. Dites-lui que je le remercie pour les siennes et pour celles qu'il a la charité de faire faire à mon intention. Je prie toujours pour lui, comme je vous l'ai dit. J'espère faire encore davantage quand je serai au Ciel. Dites-lui aussi que je sais qu'il prie pour moi et qu'il en est ainsi pour les autres âmes du Purgatoire. Par une permission du bon Dieu, c'est souvent une souffrance de plus pour elles, parce que les prières que l'on fait à leur intention ne leur sont pas toujours appliquées. Dans le Purgatoire on ne reçoit des prières de la terre que ce que Dieu veut que chaque âme, suivant sa disposition, en reçoive. C'est une douleur ajoutée aux autres pour les pauvres âmes de voir que les prières qu'on fait pour leur délivrance propre servent, non pas à elles, mais à d'autres. Bien peu d'âmes reçoivent des prières ; la plupart sont abandonnées, sans un seul souvenir ni une seule prière de la terre.

Pour le temps de notre délivrance, nous n'en savons rien. Si nous connaissions le terme de nos souffrances, ce serait un soulagement, une joie pour nous, mais non ! Nous voyons bien que nos douleurs diminuent, que notre union devient plus intime, mais quel jour (d'après la terre, car ici il n'y a pas de jours) lui serons-nous réunis, nous n'en savons rien ; c'est le secret du bon Dieu.

Les âmes du Purgatoire n'ont de connaissances sur l'avenir que ce que Dieu permet et veut leur en donner. Certaines âmes, d'après leurs mérites, en ont plus les unes que les autres ; mais, qu'est-ce que toutes ces choses de l'avenir peuvent nous faire, à moins qu'il n'y aille de la gloire du bon Dieu et du bien pour quelques âmes ?

Il ne faut pas s'étonner si le démon et ses suppôts donnent quelquefois des connaissances sur l'avenir qui se réalisent. Le diable, c'est un esprit ; par conséquent, il a bien plus de ruses et de connaissances que n'importe quelle personne de la terre, excepté quelques Saints que le bon Dieu éclaire de sa lumière. Il rôde partout, cherchant à faire mal ; il voit ce qui se passe par le monde et, d'après sa sagacité, il peut prévoir bien des choses qui se réalisent : voilà la seule explication. Malheur à ceux qui se rendent ses esclaves en le consultant ; c'est un péché qui déplaît bien au bon Dieu.

Les âmes peuvent-elles quelquefois se tromper ? Dieu peut-il le permettre ? — R... Oui..., non pour les choses qui existent, mais pour les choses à venir, mais il n'y a en cela pour elles aucune imperfection. Dieu lui-même ne paraît-il pas changer souvent l'ordre de ses desseins [1] ? Voici comment : **il peut arriver** que Dieu, dans sa justice, veuille châtier un royaume, une province, une' personne : c'est l'intention qu'il manifeste, mais si quelques personnes de ce royaume, de cette province, par la prière ou par d'autres moyens, désarment sa justice, Dieu fera grâce entièrement ou amoindrira la peine, selon les prévisions de sa sagesse infinie. Souvent même, il permet que les grands événements soient prédits d'avance, ou bien il en donne connaissance à quelques âmes, afin qu'elles préviennent et arrêtent sa vengeance : sa miséricorde est si grande qu'il ne punit qu'à la dernière extrémité. Ainsi pour la personne dont vous m'avez parlé un jour, je ne vous dis pas, dans le moment, les choses telles qu'elles sont arrivées. Pourtant c'était bien ce que le bon Dieu m'en faisait connaître alors ; mais, parce qu'elle changea un peu sa conduite, le bon Dieu ne lui infligea que la moitié du châtiment qui lui était réservé, si elle était demeurée dans les mêmes dispositions. Voilà comme on peut quelquefois paraître se tromper.

* * *

Y a-t-il beaucoup de protestants sauvés ? Il y a, par la miséricorde du bon Dieu, un certain nombre de protestants qui sont sauvés, mais leur Purgatoire est long et rigoureux pour plusieurs. Ils n'ont pas, il est vrai, abusé des grâces comme beaucoup de catholiques, mais ils n'ont pas eu non plus les grâces insignes des Sacrements et les autres secours de la vraie religion, ce qui fait que leur expiation se prolonge longtemps dans le Purgatoire.

Je parle plus bas qu'à l'ordinaire, parce que vous-même, depuis huit jours, vous parlez trop bas au bon Dieu en psalmodiant. Quand vous parlerez plus haut, je ferai de même.

Connaissez-vous, dans le Purgatoire, la persécution dont l'Eglise est l'objet ? En connaissez-vous le terme ? — *R...* Nous savons que l'Eglise est persécutée et nous prions pour son triomphe, mais quand aura-t-il lieu ? Je l'ignore... Peut-être que quelques âmes le savent ! Moi, je ne sais pas.

Dans le Purgatoire, les âmes ne restent pas uniquement occupées de leurs douleurs ; elles prient beaucoup pour les grands intérêts du bon Dieu, pour les personnes qui abrègent leurs souffrances. Elles louent et remercient Notre-Seigneur pour ses miséricordes infinies à leur égard, car la limite du Purgatoire et de l'enfer a été pour certaines âmes bien étroite et peu s'en est fallu qu'elles ne soient tombées dans l'abîme. Jugez alors quelle est la reconnaissance de ces pauvres âmes arrachées ainsi à Satan.

Je ne puis vous expliquer comment nous ne voyons plus la terre comme vous ; ceci ne peut se comprendre que quand l'âme a quitté son corps, car alors la terre qu'elle vient de laisser, en

---

[1] Cette manière de parler s'adapte au langage humain qui ne perçoit dans le temps que successions et changements... Mais il n'y a pas de temps pour Dieu et par conséquent aucune succession et aucun changement : ses décrets, prévus et arrêtés de toute éternité, sont immuables et éternels comme lui-même.

lui abandonnant son corps, ne lui paraît plus qu'un point comparé aux horizons sans fin de l'éternité qui s'ouvre pour elle.

Il ne faut pas faire attention aux « qu'en dira-t-on ». Le vrai mérite pour une âme ne consiste pas à recevoir avec patience des reproches qu'elle mérite un peu, mais bien à recevoir patiemment ce qu'elle ne mérite pas, surtout quand elle a fait tout ce qui était en son pouvoir pour faire de son mieux ce qu'on lui reproche.

* * *

Je reçois plus de soulagement d'une de vos actions faite avec une grande union à Jésus que d'une prière vocale, car qu'est-ce que le bon Dieu exauce ? Tout ce qui est fait avec un esprit intérieur. Plus l'union d'une âme avec lui est intime et plus il exauce tout ce qu'elle demande ; une âme intimement unie à Jésus est maîtresse de son Cœur. Tendez donc à cette union que Jésus attend de vous depuis si longtemps. Vous voulez lui faire plaisir, voilà l'unique moyen : vous approcher toujours davantage de son Cœur par une grande attention aux moindres désirs de sa divine volonté. Il faut qu'il puisse vous tourner et vous retourner comme il l'entendra et que, jamais, il ne trouve de résistance de votre part. Alors, vous verrez et comprendrez sa bonté, quand vous serez arrivée là.

Faites une sérieuse attention à travailler pour Dieu seul. Ne cherchez jamais que lui pour témoin de vos actions. Ainsi, gardez-vous de penser en vous-même avant n'importe quelle action, des choses telles que celle-ci : « Je vais faire ceci pour plaire à telle personne ; si je fais cette chose-là de cette manière, je vais être agréable à telle autre. » Le bon Dieu n'aime pas ces raisonnements humains pour personne et pour vous encore moins. Dirigez uniquement votre intention dans la vue de plaire à votre Jésus, à lui seul. Si, en agissant ainsi, vous plaisez à quelques personnes, tant mieux. Si le contraire arrive, tant pis ! Le bon Dieu sera content ; ce doit être tout pour vous.

8 DÉCEMBRE, 2 heures. — *Immaculée Conception*. — Hélas ! que de vies paraissent pleines de bonnes œuvres et qui, à la mort, en seront vides…, parce que toutes ces choses bonnes en apparence, toutes ces actions d'éclat, toute cette conduite qui paraissait irréprochable, tout cela n'a pas été pour Jésus seul. On voulait paraître, briller, passer pour exact observateur de la religion, pour une Religieuse régulière, voilà le seul mobile de bien des existences. Et dans l'autre vie, ici, quelle déception ! Si vous saviez que peu de personnes agissent pour Dieu seul, font toutes leurs actions pour Dieu seul… Hélas ! à la mort, alors qu'on n'est plus aveuglé, que de regrets on se prépare, hélas ! Si on réfléchissait quelquefois à l'éternité ! Qu'est-ce que la vie comparée à ce jour qui n'aura pas de soir pour les élus, à ce soir qui n'aura pas de jour pour les réprouvés !

On aime tout sur la terre, on s'attache à tout excepté à Celui qui devrait avoir notre affection uniquement et auquel nous la refusons. Le Jésus du tabernacle attend des cœurs qui l'aiment et n'en trouve pas. A peine un sur mille qui l'aime comme on devrait l'aimer ! Aimez-le, vous ; dédommagez-le de cette indifférence si coupable qui existe par le monde !

Mais, dans le Purgatoire, on l'aime ? — R... Oui, mais c'est un amour de réparation, et si nous l'avions aimé comme nous aurions dû sur la terre, nous ne serions pas si nombreuses, il n'y aurait pas tant d'âmes dans le lieu de l'expiation.

Au Ciel Jésus y est bien aimé ? — R... Au Ciel, on l'aime beaucoup. Là, il est dédommagé, mais ce n'est pas encore cela que Jésus désire. Il voudrait qu'on l'aimât sur la terre, sur cette terre où il s'anéantit dans chaque tabernacle, afin que son abord soit plus facile, et on ne le fait pas. On passe devant une église avec plus d'indifférence que devant un monument public. Si parfois on entre dans le lieu saint, c'est plus pour outrager le divin Captif qui y réside, par sa froideur, sa mauvaise tenue, par des prières faites à la hâte, sans attention, que pour lui dire un mot du cœur, un mot d'amitié et de reconnaissance pour sa bonté envers nous.

Dites au Rév. Père P. que le bon Dieu attend de lui cet amour qu'il rencontre si rarement, lui qui approche chaque jour si près de Jésus, qui le reçoit dans son cœur. Oh ! dites-lui que, dans ces moments bénis, il répare par ses tendresses l'indifférence de tant d'ingrats, que son cœur se fonde d'amour devant Jésus-Hostie, pour ses Prêtres surtout qui ont le même bonheur que lui et qui traitent les saints mystères avec un cœur de glace, qui restent froids comme du marbre devant ce brasier d'amour, et qui n'ont pas un mot affectueux à dire à Jésus. Que chaque jour, son union avec le bon Dieu soit plus intime, afin qu'il se prépare par là aux grandes grâces que Jésus lui réserve.

Je vous ai dit qu'il y a des âmes qui font leur Purgatoire au pied des autels. Elles ne sont pas là pour les fautes qu'elles ont commises dans l'église ; ces fautes, qui attaquent directement Jésus présent dans le tabernacle, sont punies très sévèrement dans le Purgatoire. Donc, les âmes qui sont là en adoration y sont plutôt comme en récompense de leur dévotion au Saint Sacrement et de leur respect dans le saint lieu. Elles souffrent moins que si elles étaient dans le Purgatoire même, et Jésus qu'elles contemplent des yeux de l'âme et de la foi tout ensemble leur adoucit par sa présence invisible les peines qu'elles endurent.

* * *

JANVIER 1880. — La nuit de Noël, des milliers d'âmes ont quitté le lieu d'expiation pour le Ciel ; mais beaucoup sont restées et je suis du nombre. Vous me dites quelquefois que la perfection d'une âme est bien longue, c'est vrai ; vous êtes aussi étonnée que, malgré tant de prières, je reste si longtemps sans jouir de la vue du bon Dieu. Hélas ! la perfection d'une âme dans le Purgatoire ne va pas plus vite que sur la terre ; il y a certaines âmes, et c'est le petit nombre, qui n'ont que quelques péchés véniels à expier ; celles-là ne restent pas longtemps en Purgatoire. Quelques prières bien faites, quelques sacrifices les délivrent en peu de temps. Mais quand ce sont des âmes comme moi — et c'est le cas de presque toutes ! — qui ont passé une vie à peu près nulle, s'occupant peu ou presque pas de leur salut, il faut, dans ce cas, recommencer sa vie dans le lieu de l'expiation, il faut perfectionner son âme de nouveau, aimer, désirer Celui que nous n'aimions pas assez sur terre. Voilà pourquoi la délivrance des âmes se fait attendre quelquefois si longtemps. Le bon Dieu m'a encore fait une grande grâce de me permettre de pouvoir réclamer des prières. Je ne le méritais pas ; sans cela, je serais comme la plupart ici, des années et des années !

Les Religieuses et les autres de même famille ont-elles des relations ? — R... Dans le Purgatoire, comme dans le Ciel, les Religieuses de même famille ne sont pas toujours ensemble ; les âmes ne méritent pas toutes la même pénitence ni la même récompense. Cependant on se reconnaît dans le Purgatoire. On peut aussi, quand le bon Dieu le permet, communiquer ensemble.

Peut-on recevoir une prière, une pensée d'un ami défunt et lui faire connaître le souvenir qu'on garde de lui ? - - R... On peut faire parvenir ici des souvenirs de la terre, mais ce n'est pas bien utile, car je vous ai déjà dit que les âmes du Purgatoire savaient et connaissaient les personnes qui s'intéressent à elles sur terre. Dieu permet quelquefois aussi que l'on puisse recevoir une prière, un avertissement, un conseil... Ainsi, ce que je vous ai dit plusieurs fois au sujet de saint Michel, c'était de sa part ; ce que je vous ai dit pour votre père, c'était de la part du bon Dieu. Toutes les commissions que vous m'avez données bien des fois pour l'autre monde, je les ai faites toujours ; mais toutes ces choses sont subordonnées à la volonté divine.

Les fautes sont-elles connues de tous dans le Purgatoire, comme elles le seront au jugement dernier ? R... Nous ne connaissons pas en général, dans le Purgatoire, les fautes des autres, excepté pourtant quand le bon Dieu le permet, envers certaines âmes, pour ses desseins ; mais c'est envers le petit nombre qu'il agit de la sorte.

Avez-vous du bon Dieu une connaissance plus parfaite que nous ? — R... Oh ! quelle question ! Mais oui, nous le connaissons beaucoup mieux et l'aimons aussi beaucoup plus ! Hélas ! c'est bien ce qui cause ici notre plus grand tourment. On ignore, sur la terre, ce qu'est le bon Dieu. On s'en fait une idée d'après ses vues bornées ; mais nous, en quittant notre enveloppe de boue, alors que rien n'entrave plus la liberté de notre âme, oh ! c'est alors seulement que nous avons connu Dieu, ses bontés, ses miséricordes, son amour ! Après cette vue si claire, ce besoin si grand de l'union, l'âme tend toujours vers lui, c'est sa vie et, toujours, elle est repoussée, parce qu'elle n'est pas assez pure, voilà notre souffrance : la plus dure, la plus amère. Oh ! s'il nous était donné de retourner sur la terre, après que nous connaissons le bon Dieu, quelle vie mènerait-on ! Mais regrets inutiles... et pourtant, sur la terre, on ne pense pas à ces choses, on vit en aveugle. L'éternité n'est comptée pour rien. La terre, qui n'est qu'un passage et qui reçoit seulement les corps qui, à leur tour, deviennent terre eux-mêmes, est le seul objet où tendent presque tous les désirs, et le Ciel, on n'y pense pas ! Et Jésus et son amour sont oubliés !

Dans le Purgatoire, les âmes se consolent-elles mutuellement dans l'amour du bon Dieu ou chacune est-elle complètement isolée dans sa douleur ? — R... Dans le Purgatoire, notre seule consolation, notre seule espérance est Dieu seul. Sur la terre, le bon Dieu permet qu'on puisse quelquefois être consolé dans ses peines de corps et d'esprit par un cœur ami ; et encore, si, dans ce cœur, l'amour de Jésus ne s'y trouve pas, les consolations sont vaines, mais ici les âmes sont perdues, abîmées dans la volonté divine, et Dieu seul peut adoucir leur douleur. Toutes les âmes sont torturées, chacune d'après sa culpabilité, mais toutes ont une douleur commune qui surpasse toutes les autres : l'absence de Jésus qui est notre élément, notre vie, notre tout. Et nous en sommes séparées par notre faute !

* * *

Après une action, il ne faut pas passer votre temps à revenir en arrière pour examiner si vous avez bien agi ou non ! Certainement, il faut examiner vos actions chaque jour afin de les faire mieux, mais il ne faut pas que ce soit aux dépens de la tranquillité de l'âme. Le bon Dieu aime les âmes simples. Il faut donc que vous alliez à lui avec une grande bonne volonté, toujours prête à vous sacrifier et à lui faire plaisir. Vous devez agir avec Jésus comme le petit enfant avec sa mère vous confiant en sa bonté, remettant tous vos intérêts spirituels et corporels entre ses mains divines ; puis, après, chercher à le contenter en tout, sans vous occuper d'autre chose.

Le bon Dieu ne regarde pas tant les grandes actions, les actes héroïques, qu'une action simple, un petit sacrifice, pourvu que ces choses soient faites par amour. Quelquefois même un petit sacrifice qui n'a été connu que de Dieu seul et de l'âme sera plus méritoire qu'un grand qui aura été applaudi. Il faut être bien intérieur pour ne rien prendre pour soi des louanges qu'on nous donne.

Le bon Dieu cherche des âmes vides d'elles-mêmes pour les remplir de son amour. Il en trouve peu. L'amour de soi ne laisse point de place pour Jésus. Ne laissez passer aucune occasion de vous mortifier intérieurement surtout. Jésus a des grâces à vous accorder pendant le carême ; préparez-vous-y par un redoublement de ferveur et surtout d'amour. Aimez surtout Jésus. Hélas ! Il est si peu aimé par le monde et tant outragé !

La sainte Vierge vous aime beaucoup ; vous, de votre côté, aimez-la aussi de tout votre cœur et procurez sa gloire le plus que vous pourrez.

Vous ne comprendrez jamais assez la bonté du bon Dieu. Si on se donnait la peine d'y réfléchir quelquefois, ce serait suffisant pour devenir un Saint, mais on ne connaît pas assez la miséricordieuse bonté du Cœur de Jésus dans le monde. Chacun la mesure d'après sa manière de voir, et cette manière est défectueuse. Il suit de là qu'on prie mal. Oui, peu de personnes savent prier comme Jésus le voudrait. On manque de confiance et pourtant Jésus n'exauce que d'après l'ardeur de nos désirs et la mesure de notre amour. Voilà pourquoi souvent les grâces qu'on sollicite restent sans effet.

Pour être heureux en religion, il faut être sourd, aveugle et muet, c'est-à-dire qu'il faut entendre bien des choses qu'on pourrait répéter, mais souvent il vaut mieux les garder pour soi. On ne se repent jamais de s'être tu. On est obligé également de voir et d'entendre, comme si on n'avait rien vu ni rien compris. Oh ! si vous saviez que c'est peu de chose que tous ces riens dont on fait grand cas ! Le démon se sert de ces petits fêtus pour arrêter une âme et entraver tout le bien qu'elle était appelée à faire. Ne vous y laissez pas prendre. Ayez le cœur grand et passez sur ces petites misères, sans y faire attention. Jésus doit avoir assez d'attraits pour vous, sans que vous vous arrêtiez à quoi que ce soit en dehors de lui. Voyez tout venir de sa bonté ; qu'il afflige ou qu'il console, c'est son amour qui ménage tout pour le bien de ses amis.

Ne vous découragez jamais, quoi qu'il vous arrive. Si Jésus voulait, il pourrait vous faire parvenir au sommet de la perfection où il vous veut en quelques heures, en un clin d'œil ; mais non ! Il aime mieux voir vos efforts et il désire que vous connaissiez et voyiez par vous-même combien est âpre et rude le chemin de la perfection. Soyez bien généreuse. Jésus vous a accordé plus de grâces et vous en accordera plus qu'à bien d'autres ; mais en retour, il espère trouver en vous une âme de sacrifice, dévouée. Il veut de vous surtout beaucoup d'amour, et quand vous aurez lutté ainsi contre vous-même, contre vos penchants, que vous aurez agi avec grand esprit de foi, eh bien ! la foi fera place à la réalité ; mais avant, il faut que vous agissiez comme si Jésus vous était toujours présent et que ce soit pour vous presque naturel, tout en étant surnaturel.

Les prédicateurs et les directeurs ne font de bien aux âmes qu'à proportion de leur union avec Jésus, c'est-à-dire de leur esprit d'oraison et de la vigilance qu'ils mettent à garder leur intérieur calme, à tenir toujours les yeux de l'âme ouverts sur Jésus, prêts à tout faire et à tout sacrifier pour le salut des personnes qui leur sont confiées.

Les promesses faites pour ceux qui récitent le chapelet de saint Michel sont-elles vraies ? — R... Les promesses sont réelles ; seulement, il ne faut pas croire que les personnes qui le récitent par routine et sans se mettre en peine de leur perfection soient tirées immédiatement du Purgatoire. Ce serait faux. Saint Michel fait encore plus qu'il ne promet, mais pour ceux qui sont condamnés à un long Purgatoire, il ne les en retire pas si vite. Certainement qu'en souvenir de leur dévotion envers le saint Archange leurs peines sont abrégées ; mais pour être entièrement délivrées, non ! Moi qui le disais, je puis vous servir d'exemple. La délivrance immédiate n'a lieu que pour les personnes qui ont travaillé avec courage à leur perfection et qui ont peu de chose à expier dans le Purgatoire.

* * *

La France est bien coupable ; malheureusement, elle n'est pas seule. En ce moment, il n'y a pas un seul royaume chrétien qui ne cherche ouvertement ou sourdement à chasser le bon Dieu de son sein. Ce sont toutes les sociétés secrètes et le diable leur chef qui mettent ainsi tout en émoi et fomentent tous leurs complots. C'est maintenant l'heure du prince des ténèbres, mais ils ont beau faire tous, tant qu'ils sont : Dieu leur fera voir que c'est lui qui est le Maître et non pas eux. Peut-être que ce ne sera pas avec douceur qu'il leur fera sentir sa puissance, mais, dans ses châtiments mêmes, Jésus est miséricordieux.

Nous connaissons en Purgatoire, par la permission du bon Dieu, ce qui se passe en ce moment sur la terre, afin que nous priions pour ces grandes nécessités ; mais notre prière seule ne suffit pas. Si Jésus trouvait quelques âmes de bonne volonté qui voulussent bien réparer, fléchir sa Majesté, sa bonté divine outragée, elles feraient plaisir à son Cœur offensé de tant d'amertumes, et elles pourraient fléchir sa miséricorde qui ne demande qu'à pardonner à celui qui s'humilie. Dites cela à Mère Supérieure.

Saint Michel interviendra dans la lutte personnelle de l'Eglise. C'est lui qui est le Chef de cette Eglise si persécutée, mais non bientôt anéantie, comme le pensent les méchants. C'est lui qui, également, est le Protecteur spécial de la France et qui l'aidera à se replacer à son rang de Fille aînée de l'Eglise, car, malgré toutes les offenses qui se commettent en France, il y a encore bien du bon, il y a des âmes bien dévouées. Quand saint Michel interviendra-t-il ? Je ne le sais pas ! Il faut beaucoup prier à ces intentions, invoquer l'Archange, en lui rappelant ses titres, et le supplier d'intercéder auprès de Celui sur le Cœur duquel il a un si grand pouvoir. Que la sainte Vierge ne soit pas oubliée : la France est son Royaume privilégié entre tous ; elle la sauvera. On fait bien de demander partout des Rosaires et des chapelets : c'est cette prière qui est la plus efficace dans les besoins présents.

Le vœu héroïque est une chose très agréable au bon Dieu et d'un grand secours aux âmes du Purgatoire et bien profitable aux âmes généreuses qui veulent bien le faire. Du reste, en cédant ainsi une partie de leurs mérites, au lieu de perdre, elles ne font que gagner.

Pour les indulgences plénières, je puis vous dire que peu, très peu de personnes les gagnent entièrement. Il faut une si grande disposition de cœur et de volonté que c'est rare, plus rare qu'on ne pense, d'avoir toutes les dispositions voulues pour avoir ainsi la remise entière de ses fautes.

Dans le Purgatoire, nous ne recevons les indulgences qu'on nous applique que par manière de suffrage et comme le bon Dieu le permet, suivant nos dispositions. Il est vrai que nous n'avons pas d'attache au péché, mais nous ne sommes plus sous le règne de la miséricorde, mais bien sous celui de la justice divine ; donc, nous ne recevons que ce que le bon Dieu veut qui nous soit appliqué. Quand l'âme est proche du terme de tous ses désirs, du Ciel, elle peut être délivrée et admise aux joies éternelles par l'efficacité d'une indulgence plénière bien gagnée ou même à moitié gagnée à son intention ; mais pour les autres âmes, il n'en est pas ainsi. Elles ont, pendant leur vie, souvent

méprisé ou du moins fait peu de cas des indulgences et le bon
Dieu, toujours juste, leur rend selon leurs œuvres. Elles peuvent
gagner quelque chose suivant la volonté divine, mais rarement
l'indulgence dans son entier.

MAI 1880. — Travaillez sans relâche et de toutes vos forces
à votre perfection. Vous avez, quand vous le voulez, assez de
fermeté de caractère pour surmonter toutes les difficultés qui
s'opposent à votre union avec Jésus, jusqu'à ce que vous soyez
arrivée où il vous veut. Votre vie sera un martyre perpétuel.
Il en coûte pour se renoncer à chaque instant, c'est un martyre
perpétuel ; mais, dans ce martyre, on goûte quand même les
plus douces joies. L'âme souffre, mais Celui pour qui elle souffre
lui accorde à chaque sacrifice, à chaque renoncement, une grâce
qui l'encourage à marcher toujours de l'avant, à se dévouer.
Rien ne fait plus de plaisir à Jésus que de voir une âme qui
s'efforce, malgré tous les obstacles qui se rencontrent sur son
chemin, de se dévouer toujours de plus en plus pour sa gloire
et pour son amour.

Vous êtes affligée de voir que le bon Dieu est insulté à Paris,
mais ces personnes ne savent pas ce qu'elles font et, malgré
leurs blasphèmes, Jésus est plus offensé des péchés que commettent
les âmes qui lui sont dévouées ou qui devraient l'être, que des
sanglantes injures de ceux qui ne sont pas ses amis.

Que d'âmes que Jésus appelle à une haute perfection et qui
restent misérables, parce qu'elles n'ont pas correspondu aux
grâces divines ! Il faut se gêner, se reprendre et se demander
beaucoup chaque jour pour être heureux au service du bon Dieu !

Qu'il y a peu d'esprit intérieur dans le monde !... Même dans
les Communautés !... On recherche trop ses aises, on ne veut
se contraindre en quoi que ce soit, et pourtant le bon Dieu serait
si heureux (si on peut ainsi parler) qu'on l'aimât, mais sans
contrainte et de bon cœur. S'il pouvait trouver ce contentement
dans la Communauté, que de grâces il répandrait sur elle ! Pour
vous, travaillez de tout votre pouvoir à vous vaincre, à aimer
Jésus comme il l'attend de vous, il y a si longtemps !

Jésus voudrait que vous l'aimassiez d'un amour d'enfant,
c'est-à-dire avec la tendresse d'un enfant qui cherche à faire
plaisir à des parents chéris, et pourtant vous êtes bien froide
avec Jésus. Ce n'est pourtant pas ce qu'il attend de vous, lui
qui vous aime tant !

* * *

AOUT 1880. — Que d'actes inutiles, que de journées entières
nulles, sans amour pour Jésus, sans pureté d'intention ; et tout
cela est perdu, puisque cela ne sera pas compté pour le Ciel !

PSAUME 63. — Voilà le psaume applicable au temps qui se
passe.

Vous ne dirigez pas votre pureté d'intention comme le bon
Dieu voudrait. Ainsi, au lieu d'offrir vaguement vos actions,
vous pourriez le faire avec plus de fruit, en ayant vos intentions
mieux déterminées. Par exemple, quand vous prenez vos repas,
dites : « Mon Jésus, nourrissez mon âme de votre sainte grâce,

comme je nourris maintenant mon corps » ; quand vous donnez vos leçons : « Mon Jésus, instruisez mon âme, comme j'instruis mes enfants » ; quand vous lavez votre visage, vos mains : « Mon Jésus, purifiez mon âme comme je le fais pour mon corps » et de même pour chacune de vos bonnes actions. Habituez-vous à parler à Jésus de cœur toujours ; qu'il soit le mobile de tout ce que vous faites ou dites... Vous me comprenez ?

Il ne faut jamais vous excuser. Qu'est-ce que cela peut vous faire qu'on vous croie coupable quand vous ne l'êtes pas ? Et si vous reconnaissez avoir manqué, humiliez-vous et taisez-vous. Ne vous excusez même pas en pensée.

2 Septembre. — Retraite. — Vous avez dit ce matin à votre Père que vous étiez bien contrariée de m'entendre, que vous préféreriez beaucoup mieux être comme tout le monde. Dans le courant de l'année, vous lui avez écrit la même chose. Vous l'avez dit souvent à votre Mère Supérieure. Pourquoi tant vous gêner ? Est-ce que ce n'est pas le bon Dieu qui permet tout ? Vous n'y êtes pour rien. Profitez de ces grâces et ne vous en plaignez plus. Vous n'avez pas entendu tout ce que vous entendrez et vous n'avez pas vu tout ce que vous verrez. Dites-le à votre Père. Dites-lui aussi que je ne suis pas le diable. Il ne le pense pas non plus. C'est vous qui avez toujours ces craintes. Tranquillisez-vous et profitez bien de la Retraite. Il faut qu'à partir de ce moment vous changiez. Point d'autres réflexions, d'autres retours sur vous-même. C'est de l'amour-propre et rien de plus. Ouvrez plutôt votre cœur à la grâce, attachez-vous à Jésus et ne passez plus votre temps si précieux à examiner pourquoi ceci, pourquoi cela ? Le bon Dieu vous destine de grandes grâces ainsi qu'à celui qu'il vous envoie dans sa bonté pour vous dire ce qu'il veut de vous. Adorez ses desseins sans chercher à les approfondir. Votre Père dira bien des choses pour vous dans ses sermons, sans même y penser. Jésus le permettra ainsi ; profitez avec beaucoup de reconnaissance de cette sainte Retraite décisive pour vous.

Il n'y a que les actions faites avec un grand amour, sous le regard de Dieu pour accomplir sa sainte volonté, qui auront au Ciel leur récompense immédiate, sans passer par le Purgatoire. Quel aveuglement à ce sujet dans le monde !

* * *

Novembre. — Voilà la Retraite finie pour tout le monde mais pour vous il ne faut pas qu'elle finisse. Continuez-la toute l'année et toujours dans votre cœur ; même au milieu de vos plus grandes occupations, ayez toujours votre petit endroit d'habitude où vous vous recueillerez cœur à cœur avec Jésus, et là, ne le perdez jamais de vue. Vous avez été trop distraite, l'année dernière ; maintenant, il ne doit plus en être ainsi. Vous avez promis au bon Dieu, vous avez promis à votre Père, que vous alliez commencer une vie nouvelle ; il faut à tout prix tenir votre parole. Il vous en coûtera, mais plus tard, vous en coûtera-t-il moins ? Non ! Hélas ! Tout passe si vite et nous passons avec, sans nous en apercevoir ! Il y a si longtemps que

Jésus vous poursuit. Vous ne lui refuserez pas, après toutes les grâces qu'il vous accorde, l'entier abandon de vous-même entre ses mains adorables. Si vous vouliez le laisser faire, comme vous seriez bientôt une Sainte... et c'est une grande Sainte qu'il vous veut. Votre Père ne vous a-t-il pas dit encore, en son nom, ces jours-ci, qu'il n'y avait pas de milieu pour vous. Combien de personnes vous l'avaient déjà dit, et vous étiez indifférente à ces choses qui devraient être sacrées pour vous. Il me semble, cette fois, que vous y avez fait plus attention et que vous avez été frappée de cette parole redite de nouveau. Réfléchissez-y souvent, c'est sérieux. Jésus, je vous l'ai dit, n'attend de vous qu'un petit effort et il fera le reste. Soyez bien généreuse. Que n'obtiendriez-vous pas du bon Dieu, si vous étiez comme il veut vous voir. Quelle union intime il désire contracter avec votre âme ! Quelles joies il veut lui accorder ! Si vous saviez ! Oh ! que Jésus est bon pour vous ! Repassez souvent dans votre cœur les grâces de choix qu'il vous a faites.

Mère Supérieure vous a dit que c'était pour vous surtout qu'elle avait demandé votre Père, de nouveau, cette année ; vous ne l'avez pas bien cru, mais c'est pourtant vrai ; elle a suivi en cela l'inspiration du bon Dieu qui a voulu que vous le connaissiez mieux et que lui vous connût également davantage. Profitez de cette nouvelle grâce qui ne sera pas la dernière ; mettez en pratique tout ce qu'il vous a dit ; vous êtes libre avec lui ; ouvrez-lui toujours bien votre âme ; qu'il puisse y lire comme dans un livre. S'il vous connaissait comme je vous connais ! Ce n'est pas au premier abord qu'on vous devine ; il faut pour cela un peu plus de temps. Toutes les pensées que vous avez eues hier à ce sujet sont des pensées diaboliques. Le démon voudrait empêcher le bien ; il se fera quand même, car vous ne l'écouterez plus. Gardez bien précieusement les grandes grâces de la Retraite ; qu'elles ne vous quittent jamais. N'ayez pas peur de vous sacrifier du matin au soir pour faire la volonté du bon Dieu. Il vous récompensera largement.

Pourquoi ai-je éprouvé une commotion si forte quand j'ai entendu les premières paroles que le Rév. Père a dites ? — C'était déjà un commencement de la grâce que vous deviez avoir pendant cette Retraite. Il y a entre les âmes une certaine attraction dont on ne se rend pas bien compte sur la terre. Le bon Dieu a fait l'âme de votre Père et la vôtre l'une pour l'autre : de là cette impression involontaire que vous avez éprouvée en l'entendant et que vous éprouverez peut-être encore dans l'avenir. Priez beaucoup pour le Père que Jésus vous donne afin de vous aider à élever votre âme jusqu'à lui. Il a besoin de grâces, afin de ne se décourager jamais, plus fortes, plus grandes que bien d'autres. Il a des journées souvent bien laborieuses, bien fatigantes pour la nature. Sa vie est rude, pénible. Il faut lui aider par vos prières. Jusqu'ici, vous l'avez fait, mais ce n'est pas encore assez. Il faut offrir à son intention votre travail, quelques-unes de vos souffrances extérieures, quelques sacrifices ; en un mot, unissez-le à ce que vous faites, et vous, unissez-vous à ce qu'il fait. Jésus a de grands desseins sur lui, comme sur vous ; voilà pourquoi il a permis que vous vous adressiez à lui et que vous fussiez libre de lui ouvrir votre âme. Regardez-le comme votre père ; aimez-le, soyez-lui soumise comme une vraie enfant et le bon Dieu sera content. Ne vous contrariez pas si je vous dis toutes ces choses, parce que vous les faisiez toutes à peu près ; je devais vous les dire et vous les direz aussi au Rév. Père. Entendez-vous ?

La Retraite a été bien agréable au bon Dieu et très profitable aux âmes. Jésus voit avec plaisir les âmes religieuses se retourner vers lui, le chercher comme leur unique fin. C'est pour cela qu'il les avait appelées à son service, mais qu'il est facile sur la terre d'oublier même ce qu'il y a de plus sacré ! Une bonne Retraite aide les âmes à reprendre leur première vigueur : c'est ce qu'a fait celle que vous venez d'avoir. Elle a consolé le Cœur si bon de Jésus.

Qu'est-ce que le peu d'instants que nous avons à passer sur la terre comparé aux joies sans fin de l'éternité ? A la mort, vous ne trouverez jamais avoir trop fait ! Soyez bien généreuse, ne vous écoutez pas. Voyez toujours le but auquel Jésus vous appelle : la sainteté, le pur amour... et puis allez toujours sans jamais regarder en arrière !

Les croix, les grandes croix, celles qui brisent le cœur sont le partage des amis du bon Dieu. Vous vous plaigniez ces jours à Jésus qu'il vous avait envoyé bien des peines cette année ? C'est vrai, mais pourquoi trouvez-vous ces croix si lourdes ? C'est que vous n'aimez pas assez ! Oh ! vous n'avez pas fini avec les croix. Ce que vous avez eu jusqu'ici n'est que le prélude de ce qui vous attend. Ne vous ai-je pas dit que vous souffrirez toujours de corps ou d'esprit et souvent des deux ensemble ? Pas de sainteté sans souffrances ! Mais quand vous laisserez agir librement la grâce en vous, quand Jésus possédera votre volonté et que vous le laisserez Maître absolu, les croix, si lourdes qu'elles soient, ne pèseront plus. L'amour absorbera tout. D'ici là, vous souffrirez et vous souffrirez beaucoup, car ce n'est pas en un instant que l'âme arrive à se dégager ainsi de toutes choses pour n'agir plus que par le pur amour. Il voit avec plaisir vos efforts. Oh ! si on le connaissait mieux sur la terre ! Non, on l'oublie ! Vous, au moins, aimez-le ! Dédommagez-le ! Que vos efforts aillent toujours en grandissant, afin de lui faire plaisir. Travaillez sans relâche pour arriver vite comme il veut vous voir !

* * *

16 Septembre. — Vous êtes un peu plus satisfaite de vous ces jours et Jésus aussi, parce que vous faites effort sur vous-même, afin de lui faire plaisir et de vous unir à lui davantage. Mais ne croyez pas être arrivée ; ce n'est que le petit commencement de l'union qu'il veut avoir avec votre âme. Oh ! comme on comprend peu sur la terre, n'est-ce pas, quel dégagement Jésus exige d'une âme qu'il veut toute à lui ? On croit aimer, on se figure être bientôt une Sainte par ce qu'on ressent en soi, semble-t-il, un peu plus d'amour sensible qu'à l'ordinaire, mais toutes ces sensibilités naturelles ne sont rien. Il faut que l'âme se soulève, se dégage peu à peu de tout ce qui l'entoure et surtout

d'elle-même, de son amour-propre, de ses passions, afin d'arriver à l'union divine et Jésus seul sait tout ce qu'il en coûte à la nature pour en arriver là ! Il faut avoir fait plus d'un sacrifice, il faut que le cœur soit broyé afin d'en ôter tout amour humain ; c'est difficile ! Qu'il y a peu d'âmes qui comprennent ces choses ! Vous qui les comprenez un peu par une grande miséricorde de Jésus, vous qu'il aime tant, entrez courageusement dans cette voie d'abnégation et de mort à vous-même. Examinez souvent toutes les tendresses qu'il a eues pour vous, comme il est allé vous chercher loin, comme il a aplani toutes les difficultés qui se sont rencontrées sur votre chemin. Il a fait plus pour vous que pour personne ! Chaque jour, il vous comble de ses grâces de choix. Voyez encore comme il a agi pour vous ces jours derniers ; aussi, il attend de vous une grande générosité, plus que de bien d'autres qu'il n'a pas tant favorisées et de qui il ne veut pas une si grande perfection. Il attend encore un dévouement à toute épreuve, et surtout beaucoup d'amour. Il faut que votre âme, votre cœur se perdent en lui, que vous n'agissiez que pour son bon plaisir. Il faut que vous planiez au-dessus de la terre et de tout ce qui vous entoure pour vous abîmer dans sa sainte volonté. Il faut arriver à ne le perdre jamais de vue, pas même une minute. Ne croyez pas pour cela être absorbée au point de ne pouvoir remplir vos obligations ! Non, vous verrez peu à peu que c'est tout le contraire et que l'âme la plus unie à Jésus sera aussi la plus exacte à tous ses devoirs ; mais Celui qu'elle aime agit pour elle ; il n'est plus pour ainsi dire qu'un avec elle. Pensez si elle est bien dirigée et aidée dans ce qu'elle doit faire ! Quel bien peut faire autour d'elle une âme intérieure ; il n'y a que celle-là qui en fait ; tout ce qui est fait autrement est inutile. L'âme, unie à Jésus a seule droit sur son Cœur, elle en est la maîtresse, il ne lui refuse rien. J'ai bien des choses à vous dire sur cela, mais vous ne me comprendriez pas. Il faut attendre les moments voulus par Dieu. Si vous voulez, ils ne tarderont pas. Jésus a grande envie de s'unir entièrement à vous, plus que vous ne pouvez le comprendre encore en ce moment. Soyez bien attentive sur vous-même ; c'est si bon d'aimer Jésus ; c'est si agréable de passer immédiatement, sans transition, de l'union intime de la terre à l'union plus intime encore du Ciel. Réfléchissez sur tout ce que je vous dis. Une seule de vos actions offertes pour mon soulagement, avec pureté d'intention, quand vous êtes bien unie à Jésus, me soulage plus que plusieurs prières vocales. Plus vite vous vous perfectionnerez, plus vite aussi arrivera ma délivrance.

C'est vrai que Mère Supérieure a bien souffert ces jours derniers, mais un jour de grandes souffrances comme elle en éprouve quelquefois est plus profitable pour son âme et pour toute la Communauté que dix jours et plus de bonne santé, où elle peut agir et faire tout ce qui dépend des devoirs de sa charge.

* * *

29 SEPTEMBRE. — Oui, je savais toutes les peines de votre Père ; voilà pourquoi, quand vous me demandiez s'il était un peu remis de ses fatigues, je vous disais que non et pas autre

chose, parce que je ne voulais pas vous gêner. Vous auriez été
tracassée, le sachant tant dans la peine, et comme vous pensez
à lui devant le bon Dieu, plus même que d'habitude, sans doute
par une inspiration particulière, j'ai pensé qu'il valait mieux
qu'il vous apprenne lui-même tous les brisements de cœur qu'il
a éprouvés. Jésus lui en tiendra compte ; les âmes qu'il regrette
tant sont en ce moment en Purgatoire, mais pour peu de temps,
surtout le prêtre que le bon Dieu voulait récompenser et les
deux jeunes gens qu'il voulait préserver en les retirant de ce
monde où ce qu'il y a de meilleur peut devenir mauvais. Dites-lui
qu'il se console en pensant que Jésus l'aime beaucoup et lui
garde, de préférence à bien d'autres, une place toute particulière
dans son Cœur. C'est là qu'il faut qu'il aille en esprit se reposer
et retremper son âme pour continuer ce qu'il a entrepris pour
son divin Maître.

2 Octobre. — Dites plusieurs fois par jour : « Mon Dieu,
accomplissez en moi vos desseins et accordez-moi de n'y point
mettre obstacle par ma conduite. Mon Jésus, je veux ce que
vous voulez, parce que vous le voulez, comme vous le voulez
et autant que vous le voulez !

Dimanche 3 Octobre. — S'il vous était donné de comprendre
comme Jésus est traité avec indifférence et mépris sur la terre,
non seulement par le monde ordinaire, comme il est insulté,
moqué, tourné en dérision, même par ceux qui devraient l'aimer !
Ainsi l'indifférence se trouve dans les Communautés, parmi
les Religieux et les Religieuses, son peuple choisi ; là où il devrait
être traité en Ami, en Père, en Époux, on ne l'y considère bientôt
plus que comme un étranger. Elle se trouve aussi, cette indifférence, parmi le clergé. A présent, plus que jamais, Jésus y est
traité d'égal à égal. Ceux qui devraient trembler en pensant
à l'auguste mission dont ils sont chargés, le plus souvent s'en
acquittent avec froideur, avec ennui ! Combien y en a-t-il qui
possèdent l'esprit intérieur ? Le nombre en est petit. Ici, en
Purgatoire, les prêtres qui expient leur indifférence et leur vie
sans amour sont nombreux. Il faut que leurs coupables négli-
gences s'expient par le feu et par les tortures de toutes sortes.
Jugez d'après cela ce que le bon Dieu, si bon, si aimable pour
ses créatures, en trouve qui l'aiment et qui le dédommagent.
Hélas ! qu'il y en a peu ! Voilà la grande souffrance du Cœur
de Jésus : l'ingratitude parmi les siens ; et pourtant son Sacré-
Cœur est tout rempli, tout débordant d'amour et il ne cherche
qu'à le répandre. Il voudrait trouver quelques âmes mortes
à elles-mêmes ; Jésus y verserait son amour à flots, plus qu'il
ne l'a encore fait pour personne jusqu'ici. Oh ! que Jésus, que
sa miséricorde, que son amour sont donc peu compris sur la
terre ! On cherche à connaître, à approfondir tout, excepté ce
qui fait le bonheur véritable. Quelle tristesse !

Jamais il ne faut vous mécontenter, ni extérieurement, ni
intérieurement. Faites ce que vous pourrez pour éviter toute
espèce de contrariété. Si, malgré cela, il arrive que, par mala-
dresse ou par malice, je suppose, on ne fasse pas ce qu'on devrait,
eh bien ! restez calme ; une fois la faute faite, à quoi bon s'en

contrarier, puisqu'il n'y a plus de remède. Ce serait presque deux fautes pour une.

14 Octobre. — Pendant mon action de grâces.

La plus petite infidélité de votre part, le plus petit oubli, la moindre indifférence envers Jésus, lui est très sensible et fait plus de peine à son Cœur si bon, si aimant, qu'une injure de la part d'un ennemi. Veillez donc avec un grand soin sur vous-même ; ne vous passez rien. Que Jésus puisse venir avec bonheur se reposer dans votre cœur, afin que vous le dédommagiez de toutes les amertumes dont il est abreuvé par le monde. Agissez avec lui comme avec le meilleur des pères, avec le plus dévoué des époux. Consolez-le, réparez par votre amour, par vos tendresses, les injures qu'il reçoit chaque jour. Vous devez prendre les intérêts de sa gloire de grand cœur. Oubliez-vous devant lui et soyez assurée qu'en agissant ainsi vos intérêts propres deviennent les siens et qu'il fera plus pour vous que si vous vous en occupiez.

16 Octobre. — Une personne a beau s'agiter auprès des âmes qui lui sont confiées, les reprendre, chercher à leur donner un peu plus de piété, elle ne réussira qu'autant qu'elle sera intérieure. Ce n'est que le trop plein de sa piété qu'elle versera dans leur cœur ; autrement si elle n'est pas ce qu'elle devrait être, si elle n'est pas unie avec Jésus, ses paroles frapperont les oreilles, mais n'iront pas au cœur, ses efforts ne seront pas bénis. Voyez si c'est bien d'être uni à Jésus... Oui, n'est-ce pas ?... Et c'est là seulement le vrai bonheur de la terre.

* * *

Novembre 1880. — Quand vous avez à reprendre une personne qui a manqué légèrement ou même gravement, faites-le avec beaucoup de douceur, fermement quelquefois, quand la faute l'exige, mais en peu de mots et que ce ne soit jamais par passion, car la réprimande faite ainsi nuit à l'âme de celle qui la fait et de celle qui la reçoit. Évitez surtout en reprenant une enfant, par exemple, de lui reprocher ses fautes passées. C'est une chose assez commune et qui déplaît au bon Dieu. Les personnes qui agissent ainsi commettent une faute. Qui leur a dit que ce qu'elles reprochent n'est pas pardonné ? Pourquoi y revenir ? Le bon Dieu ne leur a pas donné cet exemple. On doit s'humilier sans cesse de ses fautes propres et les repasser sans cesse devant Notre-Seigneur, dans l'amertume de son cœur, mais jamais il ne faut revenir sur le passé envers personne. Une âme chrétienne et, à plus forte raison, une âme religieuse, si elle veut plaire à Notre-Seigneur, agira envers son prochain comme elle désire que Jésus agisse envers elle. Retenez bien cela et à l'occasion mettez-le en pratique, fidèlement.

Ne vous laissez jamais absorber ni par vos devoirs, ni par les choses et les soucis de la vie, au point que votre âme y perde cette liberté qui l'empêcherait de s'unir à chaque instant à Jésus, et de pouvoir connaître et remplir toujours sa sainte volonté. Si vous avez de la peine, acceptez-la avec résignation parce qu'elle est permise par Jésus qui, du mal qu'il laisse faire, sait tirer le plus grand bien. Allez tout simplement aux pieds du tabernacle et là, confiez à votre Jésus ce qui vous pèse sur le cœur, ce qui vous semble quelquefois bien lourd à porter : son Cœur allègera tout. Si, au contraire, vous avez de la joie, cette joie surtout que l'on goûte par rares intervalles au service du bon Dieu, recevez-la avec humilité et reconnaissance, et pensez que la terre n'est pas le séjour du repos, mais un lieu d'exil, de travail et de souffrances de toutes sortes !

Voyez tout passer tranquillement autour de vous. Que rien ne vous arrête. Votre seul contentement, votre seul repos ne doit se trouver qu'en Jésus ; que pour lui seul vous agissiez, que son amour vous donne du courage ; jamais vous ne pourrez trop faire pour un Dieu si aimable ! Plus vous vous dégagerez de tout ce qui vous entoure, plus Jésus vous comblera de ses grâces de choix, de ses caresses divines. Vous éprouverez souvent une grande indifférence pour les choses qui, autrefois, vous auraient trouvée sensible ; c'est encore une miséricorde de Celui qui vous aime et qui désire vous voir dans ce dégagement qu'il attend des âmes qu'il veut à lui seul. Jésus permet que ces âmes privilégiées éprouvent une espèce d'ennui pour tout ce qui n'est pas lui. Il leur fait trouver pénible ce qui ne le touche pas directement, parce qu'il veut par là les amener à vider leur cœur de tout l'humain qui s'y trouve afin qu'il le comble de ses grâces et qu'il y fasse déborder son amour.

* * *

NOVEMBRE. — Vous pourriez les jours de communion où il y a une première Messe ne déjeuner qu'un peu avant huit heures. Il ne vous faut pas plus de trois minutes. Je vous dis cela parce que le bon Dieu voudrait que vous prolongeassiez votre action de grâces le plus longtemps possible. En agissant de la sorte, vous auriez un quart d'heure de plus. Le premier quart d'heure sera pour vous comme d'ordinaire. Que de choses vous avez à dire à Jésus, n'est-ce pas ? Le second quart d'heure sera pour lui. Vous pourriez encore continuer même pendant les Petites Heures et une grande partie de la sainte Messe. Demandez cette permission à Mère Supérieure. Voyez que de grâces ! Par une faveur particulière de Jésus, les saintes Espèces restent longtemps en vous après la sainte communion ; profitez donc avec reconnaissance de ces heureux instants où, cœur à cœur avec Celui que les Cieux ne peuvent contenir, vous pouvez tout obtenir. Quel amour d'un Dieu pour sa pauvre créature de s'abaisser jusqu'à s'entretenir avec elle, comme un ami avec son ami ! C'est alors qu'il faut adorer, remercier, demander et réparer surtout pour toutes les injures que Jésus reçoit par le monde dans ces malheureux temps ! Il est si offensé le bon Jésus ! Oh ! aimez-le bien ! Vous savez qu'il vous aime : vous en avez des preuves !

Il ne nous est pas possible de comprendre, étant encore sur la terre, ce que le bon Dieu exige d'une âme qui expie ses fautes dans le Purgatoire. Vous croyez que beaucoup de prières, bien faites d'ailleurs, vont mettre une âme presque aussitôt en possession du bonheur éternel ? Il n'en est pas ainsi. Qui peut sonder les jugements du bon Dieu ? Qui peut comprendre la pureté qu'il exige d'une âme avant de l'admettre à partager son bonheur éternel ? Hélas, si on savait, si on réfléchissait à tout cela pendant qu'on est sur la terre, quelle vie mènerait-on ! Examinez sérieusement combien une personne négligente, peu soucieuse de son salut, toute à la terre, commet de péchés véniels par jour... Combien donne-t-elle de minutes au bon Dieu ? Y pense-t-elle seulement avec réflexion ? Eh bien ! voyez 365 jours pareils dans une année... et, si beaucoup d'années se ressemblent, cette personne meurt l'âme chargée d'une multitude de péchés véniels qui ne sont pas effacés, parce qu'elle n'y a pas songé. C'est à peine s'il reste dans l'âme ainsi accablée une petite lueur d'amour quand elle vient rendre compte de sa vie à Celui qui la lui redemande. Voilà ces vies presque nulles qu'il faut recommencer dans l'expiation, vies sans amour de Dieu, sans pureté d'intention. L'âme, qui doit vivre de Dieu, n'a pas vécu pour lui ; il faut donc qu'elle recommence sa vie et cela avec des souffrances inouïes ! Elle n'a pas profité de la miséricorde divine sur la terre. Elle était esclave de son corps ; une fois dans le lieu purificateur, elle doit satisfaire jusqu'à la dernière obole et regagner sa splendeur première ; voilà pour les âmes indifférentes de leur salut, mais pour les âmes encore plus coupables, c'est autre chose. Aimez tant le bon Dieu que vous ne soyez pas obligée de venir ici acquérir son amour par la souffrance sans mérites. Les souffrances de la terre, les peines sont méritoires, ne les perdez pas : surtout aimez ! L'amour efface beaucoup de fautes et les fait aussi éviter parce qu'on ne veut pas faire de peine à Celui qu'on aime ; c'est pourquoi l'âme qui aime véritablement Jésus se tient sans cesse sur ses gardes et évite tout ce qui pourrait blesser ses regards divins.

Beaucoup d'âmes du Purgatoire comptent sur vous pour les tirer du lieu de leurs souffrances. Priez de tout votre cœur pour elles.

* * *

1881. — Les souffrances du corps et du cœur sont le partage des amis de Jésus pendant qu'ils séjournent sur la terre. Plus Jésus aime une âme, plus il lui donne une large part aux douleurs qu'il a endurées pour notre amour. Heureuse l'âme ainsi privilégiée ! Que de mérites elle peut acquérir ! C'est le plus court chemin pour arriver au Ciel. N'ayez donc pas peur de la souffrance ; au contraire, aimez-la, parce qu'elle vous approche plus près de Celui que vous aimez. Ne vous ai-je pas dit un jour que l'amour vous rendra doux ce qui vous paraît encore bien amer, parce que vous n'aimez pas assez ? Le moyen infaillible d'arriver vite à une union intime avec Jésus, c'est l'amour, mais l'amour uni à la souffrance. Vous avez eu jusqu'ici passablement de croix, et pourtant vous ne les aimez pas encore comme Jésus le voudrait. Si vous saviez combien la souffrance est bonne à l'âme ! Ce sont les plus douces caresses que le divin Epoux peut faire à celle qu'il veut s'unir intimement. Il lui envoie, à cette âme privilégiée, souffrances sur souffrances, peines sur peines, afin de la détacher de tout ce qui l'entoure. Alors, il peut lui parler au cœur. Que se passe-t-il dans ces entretiens divins ? Vous le saurez, si vous le voulez. Jésus tient en suspens des grâces qu'il répandra à flots sur vous, quand il vous verra préparée comme il l'entend et capable de les recevoir.

Jésus veut que vous agissiez purement pour lui, que vous rapportiez toutes vos actions à sa gloire, que vous le preniez pour confident de toutes vos joies et de toutes vos peines, que vous ne fassiez aucune chose, si petite soit-elle, sans lui demander avis et lumières, que vous ne vouliez que lui seul pour récompense de tout ce que vous ferez. Vous vous y êtes engagée, il y a déjà plusieurs années ! « Mon Jésus, lui dites-vous alors, que jamais je n'aie aucune reconnaissance sur la terre pour le peu de bien que j'y ferai ! Vous seul me suffisez ! » Que pensez-vous de cette demande ? S'est-elle bien réalisée ? Jésus ne se laisse pas vaincre en générosité, vous le verrez. Pensez également que ce n'est pas tant vos prières qui me mettront en possession de l'éternel séjour que vos actions parfaites, que votre union intime avec Jésus. Croyez bien qu'il a eu de grands desseins sur votre âme en m'envoyant ainsi vers vous ; si je pouvais vous dire ce que je sais à ce sujet !... Qu'il est grand l'amour de Jésus pour vous ! Que d'amabilités, que de prévenances il a eues à votre endroit. Comme vos indifférences ne le rebutent pas ! Par moments, que vous êtes froide, insouciante pour un Dieu si bon ! Demandez-lui pardon pour toutes ces fautes et agissez envers lui comme un enfant agit avec le meilleur des pères. N'ayez pas peur de l'importuner. J'aime à voir la confiance dans votre cœur. Cherchez toujours à lui faire plaisir depuis votre réveil jusqu'au soir, sans jamais écouter les mouvements de votre nature.

AVRIL 1881. — Si vous n'avancez pas plus vite dans la perfection, c'est que votre volonté n'est pas assez unie à celle de Dieu. Vous vous recherchez trop ! Par moments, vous avez peur de vous. Jésus attend tous ces délais avec patience !... Qui y perd à cela ? C'est vous ! Pourtant si vous saviez quelles grâces Jésus vous garde, comme il désire s'unir à vous, vous la donneriez cette volonté rebelle, qui veut aujourd'hui et ne veut plus demain, à Celui qui vous la demande avec une si grande bonté et surtout avec tant d'amour !

Jésus ne vous laissera point en paix jusqu'à ce que vous soyez parvenue à la perfection où il veut vous voir. Tournez sur tous les sens qu'il vous plaira ; jusqu'à ce que votre volonté ne fasse qu'une avec la sienne, tant qu'il y aura un retour sur vous-même, que toutes vos actions ne seront pas faites sous son regard divin, pour son bon plaisir, vous n'aurez pas la paix, ni le calme intérieur !

* * *

1882. SEPTEMBRE. — Jésus a fait beaucoup pour vous et il fera encore davantage dans l'avenir, mais il faut que vous correspondiez à ses grâces et que vous soyez bien généreuse. Les âmes arrivées à la perfection que Jésus demande d'elles sont maîtresses de son Cœur : il ne leur refuse rien. Quand vous en serez arrivée là, Jésus et vous vous ne ferez plus qu'un. Ce seront les mêmes sentiments, les mêmes pensées, les mêmes désirs. Soyez donc bonne, dépêchez-vous de devenir une grande Sainte pour procurer beaucoup de gloire à votre unique Ami qui attend ce moment pour verser ses grâces à flots sur vous.

Vous ne faites pas encore assez d'efforts pour veiller sur votre intérieur et pour conserver la divine présence de votre Jésus. Essayez, gênez-vous et vous serez bien secondée. Jésus n'attend qu'un peu de bonne volonté et il fera le reste. Dites-vous chaque jour : depuis le temps que Jésus m'accorde tant de grâces particulières, que suis-je ? Que devrais-je être ? Que serais-je si j'y avais toujours bien correspondu ? Ces réflexions méditées quelques minutes feront du bien à votre âme. Réfléchissez-y sérieusement ; c'est la volonté du bon Dieu, ce que je vous dis là. Il veut aussi que vous travailliez sérieusement à votre perfection, car de la vôtre en dépendent plusieurs autres.

Jésus a un tel amour pour vous qu'il veut vous combler de ses grâces de choix, de faveurs particulières qu'il n'accorde d'ordinaire qu'à ses amis intimes. Hâtez par vos prières et vos sacrifices l'heureux moment qui verra l'union divine que Jésus veut contracter avec votre âme. Reconnaissez devant ce divin Ami l'étendue de votre indigence, l'abîme de vos misères et laissez-le faire. C'est le propre de son amour d'enrichir les plus misérables. Sa bonté éclate alors davantage.

Oh ! aimez beaucoup Jésus. Attachez-vous à lui plus fortement que tout ce que l'on peut concevoir. Attachez-vous-y par toutes les puissances de votre cœur : que vous ne viviez plus que pour son saint amour !

Pour l'amour de Jésus, aimez toutes les personnes qui vous entourent et celles avec qui vous avez des relations. N'ayez pas peur de vous dépenser pour elles en amabilités, en prières, en abnégation, en prévenances. Plus une âme aime Jésus, plus elle aime ses semblables.

30 Octobre. — Vous vous plaignez toujours, parce que, dites-vous, vous voudriez être comme tout le monde, mais vous n'avez pas fini avec moi ! Vous serez obligée de m'écouter tant qu'il plaira au bon Dieu. Tournez-vous sur tous les sens que vous voudrez, j'ai encore bien des choses à vous dire et vous les saurez. Peut-être deviendrez-vous plus raisonnable sous ce rapport ?

25 Décembre. — Ne vous faites pas de peine, si je ne suis pas encore au Ciel. C'est vrai que je vous ai dit : « Je n'y entrerai que le jour où vous serez arrivée à la perfection que le bon Dieu demande de vous. » Malgré cela, ne croyez pas que vous arriverez en un instant à cette haute perfection à laquelle Jésus vous appelle. Il y a bien des degrés dans la perfection et ce n'est pas le premier qu'on exige de vous. Vous savez que Jésus vous aime quoique vous soyez loin de l'état où il veut voir votre âme. Il sait, ce cher Ami, qu'il faudrait un miracle pour arriver à cet état parfait qu'il exige de certaines âmes, et ce miracle, il ne

veut pas le faire. Il faut monter peu à peu ce sentier, quelquefois si âpre pour la nature. Pour atteindre le but que Jésus vous demande, il faut que vous soyez entièrement morte à vous-même, que vous n'ayez plus ni volonté, ni amour-propre. Vous n'y êtes pas encore arrivée. Ainsi, quand on vous accuse à tort, quand on vous suppose des intentions que vous n'avez pas (vous savez bien de quoi je veux parler), eh bien ! il ne faut pas que ces choses vous troublent. C'est le bon Dieu qui permet cela, afin de vous donner l'occasion de vous renoncer et de ne vous attacher qu'à lui seul. Il veut que vous arriviez à ce point où rien ne trouble en vous le calme intérieur : peines, joies, contrariétés, que tout passe indifféremment. Lui seul, entendez-vous bien, veut absorber toutes les puissances de votre âme, combler tous ses désirs, rassasier pleinement votre cœur et vous être tout en tout ; et ce n'est pas, croyez-le bien, l'œuvre d'un jour.

Non, vous n'êtes pas trop bonne ! Il vaut mieux dans certains cas céder que d'avoir le dessus. Je vais vous donner un moyen pour agir comme Jésus le demande de vous. Avant de donner un avis, avant d'adresser une réprimande méritée par une élève ou par toute autre personne, recueillez-vous une seconde ; puis, mettez-vous à la place de celle à qui vous allez parler et agissez envers elle comme vous voudriez qu'on le fît à votre égard en pareille occasion. Alors Jésus sera content.

1883. — Encore une année partie dans l'éternité ! Ainsi passent-elles toutes les unes après les autres. Les jours se succèdent jusqu'à celui qui met un terme à la courte vie de la terre et qui commence la longue vie de l'éternité ! Employez bien tous vos instants. Chacun d'eux peut vous gagner le Ciel et vous éviter le Purgatoire. Chacune de vos actions accomplie sous le regard de Jésus vous donnera un degré de gloire de plus pour le Ciel et, en même temps, un degré d'amour pour Jésus aussi plus grand. Chacun de ces actes d'une vie parfaite forme une chaîne d'amour qui lie l'âme de plus en plus à Celui qu'elle aime. Quand le dernier chaînon est formé, alors Jésus rompt les faibles liens qui retiennent l'âme pleine de mérites au corps auquel elle était unie sur la terre. Ainsi dégagée, il se l'unit encore plus étroitement pour jamais dans l'éternité bienheureuse. Comprenez-vous ce qu'une vie dont chacun des instants est pour Jésus a d'agréable malgré les amertumes passagères dont elle peut être remplie.

Si quelques minutes d'entrevue d'une âme bienheureuse avec Jésus peuvent la ravir et lui faire oublier toutes ses peines passées, que sera-ce de l'union éternelle ? Oh ! si vous le saviez, si vous pouviez le comprendre, comme vous travailleriez sans relâche à votre perfection, vous à qui Jésus accorde tous les moyens possibles pour y arriver ! Oh ! si nous avions seulement cinq minutes du temps que vous perdez en retours sur vous-même à examiner si ce que je vous dis est vrai ou faux, que ne ferions-nous pas pour Celui que nous désirons avec tant d'ardeur ! C'est le démon qui vous aveugle quelquefois et qui fait que vous ne faites pas attention à ce que je vous dis. Il prévoit bien quelles en seraient les suites. Déjouez ses intrigues, mettez-vous de grand cœur à l'œuvre, sanctifiez-vous, et que cette année soit le commencement de cette vie parfaite que Jésus attend de vous, il y a si longtemps !

Au commencement de cette année, prenez pour pratique de ne dire aucune parole inutile. N'émettez point votre sentiment en rien à moins qu'on ne vous y force ; même pour les choses utiles, parlez peu... Ne levez non plus jamais les yeux par curiosité. Que chaque matin Jésus ait votre premier regard, votre première pensée, votre première parole, et que ce soit une parole de reconnaissance et d'amour ! Aux pieds du tabernacle, déposez votre cœur dans celui de Jésus pour toute la journée et faites avec lui vos conversations jusqu'au soir. Le soir, vous déplorerez vos manquements de nouveau à ses pieds, vous le remercierez de ses grâces... Vous savez ce que je vous ai dit à ce sujet.

Soyez bien fidèle à ces pratiques. Jésus veut de vous une grande pureté d'intention, un amour sans bornes. Ne vous passez rien. Plus une âme se sacrifie, plus elle est heureuse. L'amour se paye par l'amour, c'est vrai, mais l'amour se paie aussi par la reconnaissance, le renoncement et le don de soi-même. Sacrifiez-vous donc et donnez-vous sans retour.

La souffrance précède toujours l'amour... Il y a un degré d'amour que ceux-là seuls qui ont beaucoup souffert et bien souffert atteignent. Je vous parle surtout des souffrances du cœur.

La plus grande souffrance que puisse endurer une âme qui aime véritablement Jésus est de ne pas l'aimer au gré de ses désirs.

Oh ! que Jésus malgré vos misères et vos froideurs vous aime ! Voyez, par ses grâces, il vous attire avec bonté ; par les souffrances, par les épreuves, il vous détache, et par l'amour il désire vous unir à lui si intérieurement que vous soyez, pour ainsi dire, un autre Jésus.

Mère O... est dans les profondeurs du Purgatoire. Les âmes religieuses, les prêtres et les personnes qui ont été comblées de grâces ont un Purgatoire terrible, parce qu'elles ont abusé des moyens que le bon Dieu avait mis à leur disposition.

* * *

MAI. — *Retraite* 1883. — Le bon Dieu a bien des moyens d'arriver à ses fins, quand il veut quelque chose de particulier d'une âme.

Ce que le bon Dieu garde est bien gardé. Il le montre au grand jour quand il lui plaît. C'est pour vous surtout que le bon Jésus, de toute éternité, avait l'intention de préparer et de sanctifier la personne dont je vous parle. Vous vous sanctifierez l'une par l'autre.

Le bon Dieu vous aime, vous l'aimez. Il faut que votre union se resserre davantage dans cette Retraite, que votre amour grandisse, que votre volonté soit une avec Jésus, que ses intérêts soient les vôtres !

Pourquoi tant vous tracasser au sujet de votre Père ? Ce que le bon Dieu fait est bien. N'est-ce pas lui qui vous l'a préparé et vous le donne ? Pourquoi vous le reprendrait-il ? Les desseins

du bon Dieu sont impénétrables. Quand il veut une âme toute
à lui, que ne fait-il pas pour se l'unir ? Que de moyens inconnus
il a en son pouvoir. Soyez donc bien confiante en votre Jésus.
Ne vous défiez pas de sa bonté. Plus vous serez bonne, plus vous
chercherez à lui être agréable en tout, plus aussi il sera généreux
envers vous.

Cette Retraite doit être le commencement de la grande perfection à laquelle Jésus vous appelle depuis si longtemps.

Jésus attend beaucoup de vous en cette Retraite. Il vous a
accordé une nouvelle grâce bien précieuse... Que vous faut-il
encore ? En retour donnez-vous entièrement à lui : qu'il soit
le Maître de votre âme. Veillez avec grand soin sur votre intérieur.
Entretenez-vous toujours cœur à cœur avec Jésus. Que pas
une parole, pas une pensée, pas un désir n'émane de vous que
selon sa volonté adorable. Si vous saviez quelle union Jésus
veut contracter avec votre âme, comme vous n'entraveriez pas
ses desseins, comme vous ne regimberiez pas aussi souvent que
vous le faites ! Le comprendrez-vous une bonne fois ? Cette
grande perfection vous fait peur ; vous craignez l'illusion. Mais
avec Jésus que devez-vous craindre ? Il est votre Père, votre
Ami, votre Époux, votre Tout... Est-ce qu'il n'a pas le droit
d'exiger d'une âme ce qu'il veut sans lui dire le pourquoi ?
C'est le grand Maître, c'est le Seigneur de tous ; pourquoi vouloir
avec vos vues bornées examiner sa conduite ? Adorez ses desseins
et obéissez en aveugle. Voilà ce qu'il veut de vous ; mettez-vous
donc de grand cœur à travailler sérieusement à votre sanctification. Redoublez pour Jésus d'amour, de tendresse. Consolez-le,
dédommagez-le de toutes les injures qu'il reçoit par le monde.
Aimez pour ceux qui n'aiment pas, réparez pour ceux qui
l'outragent ; demandez pardon pour ceux qui n'y songent pas.
Jésus attend cela de vous... Le lui refuserez-vous ?

20 MAI. — Jésus vous prouve qu'il vous aime ; en retour aussi,
il veut des preuves de votre amour. Vous savez bien tout ce
qu'il vous demande depuis si longtemps : il ne faut pas hésiter
davantage. Donnez-vous entièrement. Perdez-vous en lui ; ne
vous reprenez jamais.

Sur la terre, on s'arrange à sa manière, mais dans l'autre
monde, le bon Dieu nous arrange à la sienne !

Il y a peu de vraies amitiés sur la terre ! On s'aime souvent
par caprice, par intérêt. Un petit froissement, une parole, un
manque d'égards désunit quelquefois des amis qui semblaient
inséparables. C'est que Dieu ne possédait pas assez bien leur
cœur, car il n'y a que les cœurs où surabonde l'amour de Jésus
qui peuvent donner de leur trop plein à leurs amis. Toute amitié
qui n'est pas ainsi fondée en Dieu est fausse, elle n'est pas durable.

Mais quand Jésus possède un cœur, alors ce cœur peut aimer
et faire du bien à ses amis, parce qu'il y a là la source de l'amitié
pure et sans mélange. C'est un petit écoulement de l'amitié du
Ciel. Tout le reste, c'est de la nature et pas autre chose.

Ayez toujours des vues plus hautes que la terre. Ne recherchez
jamais ni l'estime, ni l'amitié de personne. Jésus seul est vôtre

et il vous veut sienne aussi pour toujours. Vous n'avez pas trop de votre cœur tout entier à lui donner. Aimez... mais pour lui seulement...

JUIN 1883. — Eh ! bien, êtes-vous contente ? Me croirez-vous maintenant ? Je vous pardonne tout ce que vous avez pensé de moi ces jours. Dans de pareilles circonstances, il ne pouvait en être autrement ; vous n'y avez pas péché. Voyez la bonté de Jésus. Après avoir laissé agir le démon qui vous a tant fait souffrir..., il l'a enfin terrassé et sa sainte volonté s'est accomplie ; c'est ce qu'il attendait. Oh ! quand le bon Dieu a des desseins particuliers sur des âmes, ils ne s'accomplissent pas sans beaucoup de souffrances ; vous l'avez éprouvé une fois de plus, n'est-ce pas ? Mais vous n'avez pas été seule.

Que M. L. ne se décourage jamais ! Il pourra avoir des moments d'ennui, de fatigue, mais il a le tabernacle ; que là, il épanche son âme devant Jésus et qu'il réclame avec une grande confiance ses lumières, afin d'être lui-même la lumière des âmes qui lui sont confiées. Jésus l'aime, il le lui prouvera. En retour, jamais il ne pourra trop faire pour un Dieu si aimable !

JUIN 1883. — Vous êtes toujours heureuse d'avoir enfin trouvé un Père, n'est-ce pas ? Faites bien attention à tout ce qu'il vous dira : vous ferez bien plaisir au bon Dieu. C'est encore une grâce, profitez-en avec reconnaissance. C'est une si grande chance pour une âme d'en rencontrer une qui la comprenne et c'est si rare sur la terre !

... Jésus rencontre si peu d'âmes généreuses en ce monde, il y en a si peu qui l'aiment..., même parmi ses Prêtres ! Il attend, le bon Maître, beaucoup de votre Père !

Oh ! que le Prêtre est grand ! Quelle sublime mission est la sienne !... Mais hélas ! à cette heure qu'il y en a peu qui la comprennent !

28 AOUT 1883. — *Saint Augustin.* — Jusqu'ici, vous n'avez jamais fait oraison comme Jésus le désirait ! Vous ne faites pas assez attention à toutes ses inspirations ! Vous perdez encore trop souvent de vue sa sainte présence, ce qui est cause que vous n'avancez pas dans la perfection, comme il l'attend de vous. — Veillez donc avec soin sur votre intérieur. Il y a si longtemps que je vous le demande de sa part !

* * *

Retraite. — 29 AOUT. — Voilà bien des années que le bon Dieu vous poursuit... Pour un prétexte ou pour un autre, vous faites la sourde oreille ; mais il est temps et grand temps de faire attention à tout ce que je vous ai dit. Profitez de ces saints jours de Retraite et réalisez ce que vous avez écrit. Voyez où vous en êtes avec Jésus qui est si bon et si patient avec vous. Pensez qu'il pourrait se lasser avec vous à la fin, voyant que vous faites si peu de cas des grâces particulières qu'il vous a accordées et de celles qu'il vous réserve dans l'avenir. Prouvez donc à votre Jésus que vous l'aimez et donnez-lui votre volonté tout entière. Assez d'hésitations. Dites-lui qu'il fasse de vous tout ce qu'il voudra, mais que ce soit du fond du cœur. La sainteté est moins difficile que vous vous le persuadez. Vous souffrez plus à résister, à lutter tous les jours contre le bon Dieu qui vous attire, que vous ne souffrirez quand vous vous serez donnée sans réserve et sans retour !

SEPT HEURES DU SOIR. — Habituez-vous à parler à Notre-Seigneur comme à l'ami le plus dévoué et le plus sincère. Ne faites et ne dites rien sans le consulter. Il y a plusieurs années qu'on vous a dit cela. Je vous l'ai dit également plusieurs fois ; aujourd'hui je vous le répète de nouveau. Le bon Dieu veut que vous y fassiez attention et surtout que vous le mettiez en pratique. Ce regard de l'âme, toujours fixé sur Jésus, pour saisir ses moindres volontés, ce langage divin qu'il veut avoir avec vous ne vous troublera pas et ne vous empêchera pas de vous livrer à vos occupations extérieures. Au contraire, il est impossible, si l'intérieur n'est pas calme, que l'extérieur le soit. Les passions intérieures se reflètent toujours à l'extérieur et l'âme qui veille avec grand soin sur son intérieur est aussi maîtresse de son extérieur. Voilà ce que Jésus demande de vous : une vie de foi et d'union perpétuelle avec lui, une vie humble, cachée, connue de lui seul... Qu'il soit tout pour vous, Jésus ! Regardez tout ce qui vous arrive comme autant de moyens dont il se sert pour vous unir à lui davantage, pour accomplir les desseins qu'il a sur vous. N'y mettez pas d'obstacles, soyez généreuse. Ni l'énergie ni le cœur ne vous font défaut ; commencez donc cette vie de renoncement, de sacrifice et par-dessus tout d'amour que Jésus veut absolument de vous. Là seulement vous trouverez le calme et la paix qu'il vous offre depuis de si longues années !

Que la sainte volonté du bon Dieu soit la base de tout ce que vous aurez à faire ou à souffrir. Jésus attend beaucoup de vous, beaucoup de souffrances de corps et d'esprit et aussi beaucoup d'amour. On ne peut aimer sans que la nature souffre, vous le savez bien ; vous l'avez éprouvé par le passé. Préparez-vous pour l'avenir. Le bon Dieu vous a donné tout ce qu'il faut pour sentir la souffrance plus que personne. C'est une miséricorde et une grâce de plus. Où il y a de grands sacrifices à faire, il y a plus de mérites.

Je vous conjure de ne plus résister aux desseins que le bon Jésus a sur vous ; ne demandez pas d'autres preuves, vous en avez eu assez. Vous sentez bien aussi intérieurement que Jésus vous veut toute à lui. Pesez ces choses au pied du tabernacle ; voyez ce que vous devez faire et ne balancez plus. Que de grâces vous attendent, si vous voulez, grâces pour vous d'abord et aussi pour d'autres âmes. Vous répondrez de tout cela un jour.

Soyez toute à votre Jésus. Ne faites plus attention à ce qu'on peut dire de vous ; le démon le provoque pour vous arrêter en chemin et Jésus le permet pour vous détacher de tout ce qui vous entoure. Visez toujours à votre but : accomplir tous vos devoirs, faire toutes vos actions pour plaire à Jésus. Voilà tout pour vous, le reste n'est qu'accessoire.

Soyez bien généreuse ; mettez le moi de côté et Jésus en avant. Pensez souvent à ceci : si vous voulez que vos actions plaisent à Jésus, il faut que dans chacune d'elles il y ait toujours un petit sacrifice, quelque chose qui coûte ; sans cela pas de mérite. Ce n'est pas difficile pour vous surtout de donner cette satisfaction à votre Jésus. Ne croyez donc plus que quand une chose vous coûte beaucoup, il n'y a pas de mérite, c'est le contraire. Seulement que Jésus seul et vous le sachiez. Demandez-moi chaque soir si le bon Dieu est content de vous, je vous le dirai.

Vous avez bien souffert, vous souffrirez encore beaucoup ; mais en revanche, que Jésus a été bon et qu'il sera encore bon dans l'avenir pour vous !

* * *

Mai 1886. — C'est vrai que personne ne mérite les grâces du bon Dieu ; ce sont des faveurs, mais quand il nous en accorde, il faut les recevoir avec reconnaissance et en profiter.

Pour l'âme religieuse, il faut l'esprit intérieur, la vie de sacrifice, la pureté d'intention : voilà le résumé de la vie.

Apprenez à respecter la Règle et les Prêtres. Ceux qui s'attaquent aux Ministres de Jésus-Christ le blessent à la prunelle de l'œil. Malheur ! Trois fois malheur à ceux et à celles qui agissent de la sorte !

Ce qu'une Religieuse peut faire de plus agréable au bon Dieu pour le soulagement de ses parents défunts, ce n'est pas tant des prières que toutes ses actions faites avec une grande pureté d'intention et en union à Notre-Seigneur.

C'est l'âme la plus aimée de Jésus qu'il crucifie davantage sur la terre, mais la croix envoyée par Dieu a toujours des douceurs mêlées à son amertume. Il n'en est pas de même des croix qui nous arrivent par notre faute : pour celles-là, il n'y a que l'amertume seule.

Novembre 1886. — Toutes ces épreuves !... Le bon Dieu a tout permis pour vous éprouver toutes, pour vous donner de la force d'âme et aussi pour faire triompher sa gloire, sa justice et son amour.

... Il désire... la vie d'union avec lui, de réparation et de prière. Si vous prenez sérieusement les intérêts de Jésus en main, il prendra aussi les vôtres.

Noel 1886. — Si vous voulez..., vous serez bientôt débarrassée et moi délivrée...

Février 1887. — Quand le bon Dieu a quelques desseins particuliers sur une personne, quand il ne la veut pas du commun, il lui donne une âme magnanime, un cœur généreux, un jugement sain, un bon caractère, une tête solide. Quand vous ne rencontrez pas ces qualités dans une personne, le bon Dieu ne veut rien de particulier d'elle.

Ce n'est pas tout d'un coup que Jésus montre à une âme ce qu'il veut d'elle, elle s'effrayerait. Mais c'est petit à petit et, à mesure que sa grâce la rend plus forte, qu'il lui découvre ses secrets et la rend participante de sa croix.

Le bon Dieu vous aime d'une manière spéciale. Vous êtes sa fille de prédilection. Ce qui vous est arrivé était pour votre plus grand bien !

Tout le monde doit aimer le bon Dieu particulièrement, mais pour vous il y a une obligation spéciale, c'est la réciprocité.

24 Juin. — Soyez bien unie à Jésus. Avant n'importe quelle action ou chose que vous ayez à faire ou à dire, demandez-lui avis ; parlez-lui cœur à cœur comme à un ami qu'on aurait toujours près de soi.

Jésus veut votre âme tout entière, avec toutes ses facultés, toutes ses puissances ; votre cœur, avec toutes ses tendresses, tout son amour. Il veut, le bon Jésus, ne faire qu'un avec vous et tout ce qu'il vous faudra de grâces et de dévouement pour le prochain, vous le puiserez dans son divin Cœur, dans cette source divine qui ne tarit jamais. Voilà comme doivent agir ses Epouses dévouées, vous surtout qu'il aime davantage.

Jésus désire que vous lui rendiez la réciproque. Oh ! si je pouvais vous dire toutes les grâces que le bon Dieu vous réserve, si vous ne mettez pas d'opposition à sa conduite envers vous, grâces fortes qui vous attacheront inviolablement à lui, grâces de choix, grâces particulières, grâces intimes. Il a bien des choses à vous confier pour vous seule et pour le bien commun.

Quand vous le pourrez, passez par l'église, faites à votre Jésus une petite visite, et là épanchez devant lui votre cœur. Dites-lui vos peines, vos joies, vos souffrances, tout en un mot. Parlez-lui comme on parle à un ami dévoué, à un père, à un époux. Dites-lui toutes vos tendresses à son égard et quand vous ne pourrez pas vous rendre à l'église, parlez-lui dans votre cœur. De temps en temps dans la journée, laissez-vous pénétrer quelques instants de sa sainte présence, recueillez-vous devant sa Majesté, reconnaissez votre misère, mais aussi ses bontés, et remerciez-le bien affectueusement. Vous pouvez toute la journée parler à votre Jésus cœur à cœur ; c'est ce qu'il veut et attend de vous depuis bien longtemps.

Si vous êtes fidèle à tout ce que je vous dis, si vous vous gênez, si vous cherchez à faire plaisir à votre Jésus en tout, si vous avez pour lui toutes les délicatesses d'un cœur aimant qui a toujours l'œil de l'âme ouvert pour examiner ce qui peut faire plaisir à son divin Epoux, alors Jésus, de son côté, vous gardera ses communications les plus intimes, ses caresses divines, son amour de Père et d'Epoux le plus aimant ; alors aussi vous obtiendrez tout ce que vous demanderez. Jésus ne vous refusera rien. Vous vous donnerez tout entière et il se donnera tout entier.

Le bon Dieu désire que cette Retraite vous mette dans l'état où il veut vous voir depuis si longtemps. Le bon Dieu arrive à ses fins par des moyens qui nous sont souvent bien inconnus. Eh bien ! mettez-vous à l'œuvre avec courage. Jésus, de son côté, va vous accorder des grâces nouvelles ; correspondez-y bien généreusement pour vous surtout et pour le bien de la Communauté. Que le bon Jésus vous trouve facile à plier et à vous façonner comme il l'entend ! Ecoutez bien sa voix au fond de votre cœur et ne perdez aucune de ses grâces. Que votre volonté ne fasse qu'une avec sa volonté adorable ! Que votre cœur se perde dans le sien ! Il va bientôt accomplir en vous ses desseins, si vous n'y mettez pas d'obstacles. Ne perdez pas de vue sa divine présence... Le bon Dieu vous veut particulièrement sainte et à lui tout seul. Si vous vouliez vous gêner !... Le bon Jésus veut surtout voir dans votre cœur l'amour pur, désintéressé, généreux, qui ne craint pas sa peine, qui ne cherche pas ses aises, et tout cela pour plaire à Jésus seul.

Le bon Dieu ne défend pas qu'on soigne son corps, mais il y a des personnes qu'il veut soigner lui-même et guérir quand bon lui semble. Les remèdes ne leur sont pas profitables. Une petite mortification vaut mieux pour elles que tout le reste. Croyez ce que je vous dis et vous verrez. Le commun, voilà ce que Jésus veut pour vous qu'il aime particulièrement.

* * *

Que la foi pratique anime toutes vos actions ! Que votre confiance en Jésus et en son amour vous fasse entreprendre généreusement tout ce qu'il exige de vous ! Dites, chaque matin, à votre réveil, à votre Bien-Aimé : « Mon Jésus, me voilà pour accomplir votre volonté ; que voulez-vous que je fasse pour vous plaire aujourd'hui ? »

Faites tous vos exercices de piété sous le regard de Jésus avec un grand amour. On ne fait de bien aux âmes que dans la proportion de son union à Dieu.

Le bon Dieu cherche des âmes qui réparent les outrages qu'il reçoit, qui l'aiment et qui le fassent aimer. Il vous veut de ce nombre.

A un moment donné Dieu dénoue les trames et déjoue les plans de ceux qui ne cherchent pas uniquement sa gloire.

Jésus, avant d'accorder à une âme une union intime avec lui, la purifie par l'épreuve, et plus ses desseins sur cette âme sont grands, plus aussi est grande l'épreuve.

Le démon s'aperçoit bien que le bon Dieu a des desseins sur vous ; voilà pourquoi il vous tracasse et vous fait tracasser par les siens... Ne vous découragez pas. Le bon Dieu vous aide et vous aidera. Luttez avec courage. Malgré les efforts de l'enfer, le bon Dieu arrivera à ses fins.

Le bon Dieu se sert de moi pour vous encourager puisque vous n'avez personne. Retenez bien cela et voyez que la nature a besoin de ces petits encouragements. A l'occasion, vous y penserez, puisque vous avez et aurez charge d'âmes. Le bon Dieu vous en donne l'exemple au Jardin de l'Agonie.

Ayez toute confiance en Jésus. Jamais il ne vous fera défaut.

Fixez votre demeure habituelle dans le Cœur de Jésus. Que l'amour soit la chaîne qui unisse votre cœur à son Cœur adorable ! Votre cœur si misérable se purifiera, se détachera au contact de ce Cœur si pur.

Puisez aussi dans le divin Cœur de Jésus ce qu'il vous faut de grâces pour les autres, pour votre charge. Il ne vous refusera rien de ce que vous demanderez avec confiance et amour.

Les peines et les souffrances du cœur sont plus pénibles que celles du corps. Mais pour une âme qui aime Jésus, la grande douleur est de lui en causer chaque jour par ses péchés et ses ingratitudes !

Demandez au Cœur de Jésus la force d'âme nécessaire pour qu'il accomplisse en vous ses desseins.

Si le bon Dieu exige une si grande pureté de l'âme qu'il admet dans son Ciel, c'est parce qu'il est l'éternelle Pureté, l'éternelle Beauté, l'éternelle Justice, l'éternelle Bonté et l'éternelle Perfection !

Le bon Dieu permet que vous souffriez de corps et d'esprit afin que, morte à vous-même, il puisse accomplir en vous ses grands desseins, afin que vous connaissiez l'art de perfectionner les autres par votre propre expérience.

**

Pour vous fixer l'esprit dans la présence de Dieu, prenez chaque jour une des quatorze Stations de Notre-Seigneur dans sa Passion, à laquelle vous penserez davantage. Jésus aime qu'on se rappelle toutes les souffrances qu'il a endurées pour nous. Les jours. de fête, prenez, pour y réfléchir, un des mystères glorieux ; la Résurrection, l'Ascension. Pensez souvent aussi à l'Eucharistie, à la vie cachée de Jésus au tabernacle. Là surtout vous verrez son amour. Rester ainsi seul, sans adorateur, dans la plupart des églises du monde ! Attendre en vain que quelqu'un vienne lui dire : « Je vous aime ! »

Chaque dimanche, faites vos petites provisions pour la semaine ; en un mot, cherchez à faire plaisir à Jésus. Il vous rendra la réciproque.

Par la sainte communion, Jésus vous unira à lui très intimement et s'unira à vous plus qu'il ne l'a encore fait pour personne. Vous trouverez dans ce divin aliment une force extraordinaire pour vous élever à la perfection que Jésus demande de vous.

Tout passe et passe vite ! Ne nous donnons pas tant de peine pour des choses qui doivent finir un jour. Visons à ce qui ne finira jamais... Par nos actions saintes et unies à Jésus, embellissons notre trône du Ciel. Faisons-le monter de quelques degrés très proches de Celui que nous devons contempler et aimer toute l'éternité. Voilà quelle doit être notre occupation unique sur la terre.

Pour une âme que Jésus aime, il fait des choses qui, à première vue, paraissent impossibles. Voilà comme il agira envers vous !

C'est Jésus qui vous attire à lui très doucement, très suavement, mais en même temps fortement. Ne résistez pas à ses divins attraits.

Jésus vous dira bientôt lui-même ce qu'il veut de vous. En attendant, c'est moi qu'il charge de vous transmettre ses volontés divines. Écoutez bien sa voix qui vous parle intimement au fond du cœur ; ne lui refusez rien et vous gagnerez tout ; car si vous êtes généreuse, il le sera bien davantage. Vous en avez déjà eu des preuves.

Le bon Dieu veut à son service des âmes généreuses qui n'aient aucun souci d'elles-mêmes, qui apportent toute leur attention, toute leur bonne volonté à le faire aimer et servir aux dépens de leurs intérêts.

Les grâces du bon Dieu sont des dons qu'il ne nous doit pas. Il les accorde à qui il lui plaît, sans que personne doive y trouver à redire. Qu'est-ce qui a le droit de faire des lois au divin Maître ? Recevez donc les grâces particulières que Jésus vous accorde humblement, mais en même temps avec une humble reconnaissance, sans chercher à en examiner le pourquoi.

Jésus veut que vous planiez au-dessus de tout ce qui est créé, que pas un lien, pas un fil ne vous retienne à la terre. Il vous faut vivre déjà de la vie des Elus dont l'unique occupation est de jouir, d'aimer et de se perdre en Dieu !

Souvenir. — 2 NOVEMBRE 1890 : dernière bénédiction du mois du Rosaire.

Je vais essayer de vous faire comprendre, autant que vous le pouvez sur la terre, ce que c'est que le Ciel. Ce sont des fêtes toujours nouvelles qui se succèdent sans interruption, un bonheur toujours nouveau qu'on n'a — ce semble — encore jamais ressenti. C'est un torrent de joie qui déborde sans cesse sur tous les Elus... Le Ciel, c'est Dieu surtout, Dieu aimé, goûté, savouré ; c'est en un mot le rassasïement de Dieu, sans pourtant en être rassasié !

Et plus l'âme a aimé Dieu sur la terre, plus elle a atteint le sommet de la perfection, plus aussi elle aime Dieu et le comprend au Ciel !

Jésus est la vraie joie de la terre et l'éternelle joie des Cieux !

STUDIES IN WOMEN AND RELIGION

1. Joyce L. Irwin, **Womanhood in Radical Protestantism: 1525-1675**

2. Elizabeth A. Clark (trans.), **Jerome, Chrysostom and Friends: Essays and Translations**

3. Maureen Muldoon, **Abortion: An Annotated Indexed Bibliography**

4. **Lucretia Mott: Her Complete Speeches and Sermons**, Dana Greene (ed.)

5. Lorine M. Getz, **Flannery O'Connor: Her Life, Library and Book Reviews**

6. Ben Kimpel, **Emily Dickinson as Philosopher**

7. Jean LaPorte, **The Role of Women in Early Christianity**

8. Gayle Kimball, **The Religious Ideas of Harriet Beecher Stowe: Her Gospel of Womenhood**

9. **John Chrysostom: On Virginity; Against Remarriage**, Sally Rieger Shore (trans.)

10. Dale A. Johnson. **Women in English Religion: 1700-1925**

11. Earl Kent Brown, **Women of Mr. Wesley's Methodism**

12. Ellen M. Umansky, **Lily Montagu and the Advancement of Liberal Judaism: From Vision to Vocation**

13. Ellen Lawson, **The Three Sarahs: Documents of Antebellum Black College Women**

14. Elizabeth A. Clark (trans.), **The Life of Melania the Younger**

15. **Lily Montagu: Sermons, Addresses, Letters and Prayers**, Ellen M. Umansky (ed.)

16. Marjorie Procter-Smith, **Women in Shaker Community and Worship: A Feminist Analysis of the Uses of Religious Symbolism**

17. Anne Llewellyn Barstow, **Joan of Arc: Heretic, Mystic, Shaman**

18. Marta Powell Harley (trans.), **A Revelation of Purgatory: By an Unknown Fifteenth Century Woman Visionary**

19. Caritas McCarthy, **The Spirituality of Cornelia Connelly: In God, For God, With God**

DATE DUE

HIGHSMITH   # 45220